Kreative Wohnlösungen

Viele Ideen für mehr Wohn-Wohlgefühl

Kreative Wohnlösungen

Viele Ideen für mehr Wohn-Wohlgefühl

Inhalt

Endlich mehr Platz & Ordnung 8

Endlich (wieder) schön 40

PURE STYLE

UHU
coll
CLOU

PATRICIA GAFFNEY
ZIMMERPFLANZEN

Vorwort

Eigentlich fühlen Sie sich zu Hause wohl – wenn da nicht die eine oder andere kleine „Baustelle" wäre, die dann doch stört. Vielleicht sind es die Bücher, die sich stapeln und für die Sie noch kein passendes Regal gefunden haben? Oder es gibt eine Rumpelecke, die schon immer besser versteckt gehört hätte? Möglicherweise sind aber auch die alten Erbstücke ihre Sorgenkinder, da Sie sich nicht von ihnen trennen können, obwohl ihre beste Zeit definitiv vorbei ist? Vielleicht haben Sie auch günstig das ein oder andere Stück in einem Möbelhaus gekauft und inzwischen gemerkt, dass es ein bisschen langweilig wirkt? Oder Ihre Wände, Fenster und Türen sind in ihrem Standard-Weiß beziehungsweise -Braun auch nicht das, was sie für Sie wirklich gemütlich macht? Für all diese kleinen Wohnprobleme gibt's in diesem Buch kreative Lösungen, für die Sie kein Profi-Heimwerker sein müssen. Gefragt sind lediglich Fantasie, ein bisschen handwerkliches Geschick und ein großer Farbeimer (oder auch eine Bohrmaschine). Auf geht's – damit es bei Ihnen endlich mehr Platz und Ordnung gibt, Altes endlich (wieder) schön ist, Neues endlich toll in Szene gesetzt wird und Wände, Türen und Fenster endlich nicht mehr langweilig wirken!

Endlich mehr Platz & Ordnung

Genügend Platz hat man eigentlich nie, egal, ob man in einer Einzimmerwohnung oder in einem Einfamilienhaus lebt. Wie man es auch dreht und wendet, ein zusätzliches Regal, ein versteckter Stauraum oder einfach auch nur eine kleine Ecke, in der etwas mal auf die Schnelle „verschwinden" kann, sind immer gut. Warum? Weil die dabei helfen, dass es schnell ordentlich aussieht, auch wenn man gerade wenig Zeit zum Aufräumen hat. Die Lösung? Selbst gebaute Regale, Schränke mit praktischem Innenleben oder originelle Paravents, bei denen es niemanden etwas angeht, was sich dahinter befindet. Für die Stau- und Ordnungshelfer braucht es zum Glück keinen Schreiner, sondern einfach nur ein bisschen Fantasie und den Mut, selbst zu Säge, Hammer und Bohrmaschine zu greifen.

Duft des
leuchtend grünes Basilikum
Safran und Minze
verströmen Aromen
verwirren die Sinn
Willig den Rausch zu erleben
ergebe ich mich

Hoch gestapelt

Keine Lust auf viel Bohren und Schrauben? Dann ist dieses Stapelregal vielleicht genau das Richtige für Sie. Die Materialien dafür gibt's alle im Baumarkt. Geringer Einkaufs-Aufwand, unkomplizierter Aufbau – ein Projekt mit Spaßfaktor, das fast ein bisschen ans Bauklötzchen-Stapeln aus der Kindheit erinnert.

Die Porenbetonsteine auf die richtige Größe zusägen. Porenbeton ist so weich, dass das problemlos mit einer ganz gewöhnlichen Säge gemacht werden kann. Sie müssen allerdings darauf achten, dass die Steine alle in der gleichen Höhe abgesägt werden, sonst wird das ganze Regal schnell zu einer wackeligen Angelegenheit.

Glätten Sie anschließend die Schnittflächen und die scharfen Kanten mithilfe von Schleifpapier und eines Schleifklotzes. Zuerst nehmen Sie gröberes Schleifpapier, danach feineres.

Jetzt geht's ans Anmalen. Aufgrund der Poren tendieren die Mauersteine dazu, extrem viel Farbe aufzusaugen. Deshalb mischen Sie für den ersten Anstrich den weißen Acryllack mit Spachtelmasse. Nach dem Trocknen malen Sie die Steine dann mit purer Acrylfarbe in Lichtblau an. Auch die passend zugesägten Holzbretter bekommen einen Anstrich.

Zum Schluss wird gestapelt. Kontrollieren Sie, ob auch wirklich alles stabil steht oder ob Sie an der einen oder anderen Stelle noch ein bisschen nacharbeiten müssen.

- Mauersteine aus Porenbeton
- Holzbretter
- Acryllack in Weiß und Lichtblau
- Spachtelmasse
- Schleifpapier mit Schleifklotz
- Pinsel
- Säge, z. B. Fuchsschwanz

Tipp

Es staubt ziemlich, wenn Sie die Porenbetonsteine zusägen. Erledigen Sie diese Arbeit deshalb am besten draußen.

Muster-Rücken

Haben Sie auch eine offene Küche? Eigentlich ist das ja eine tolle, gesellige Angelegenheit – wenn nur das Aufräumen nicht wäre. Denn wer hat schon Lust oder auch Gelegenheit, sofort nach dem Kochen alles wieder in Ordnung zu bringen? Kaum jemand, eben. Damit die Töpfe und Schüsseln beim netten Zusammensitzen nicht ständig als unangenehme Mahnung ins Auge fallen, haben wir hier einen praktischen Raumteiler gebaut, der den Koch- und Wohnbereich trennt, Stauraum bietet und außerdem richtig gut aussieht.

Der Clou bei diesem Raumteiler ist der tapezierte Rücken, der Richtung Wohnbereich zeigt. Zuerst bauen Sie aber den Holzkorpus.

Dazu leimen und schrauben Sie zuerst die Platten u-förmig für den Rahmen zusammen, fixieren dann von hinten die Rückenplatte und setzen zum Schluss die etwas größer zugeschnittene Deckplatte auf. Damit die Schrauben später nicht unangenehm ins Auge fallen, senken Sie die Bohrlöcher jeweils an, damit die Schrauben im Holz „verschwinden". Geben Sie Holzkitt über die Schraubenlöcher und schleifen Sie diesen nach dem Trocknen glatt, dann wird es eine saubere Angelegenheit.

Für die Regalfächer bringen Sie am besten innen seitlich Leisten an, auf denen die Regelböden aufliegen können. Wenn der Korpus sehr breit werden soll (das hängt von Ihren Gegebenheiten zu Hause ab) müssen Sie zusätzlich noch eine Mittelstrebe anbringen, damit die Regalböden nicht „durchhängen" können. In diesen Fächern sind dann Teller, Gläser oder Vorräte immer griffbereit.

Danach streichen Sie die Teile des Raumteilers, die nicht tapeziert werden, mit Acryllack. Dazu tragen Sie eine Lackschicht auf, lassen diese trocknen, machen einen Zwischenschliff und lackieren das Ganze dann noch mal.

Die Rückwand des Raumteiles, die hier in Richtung Wohnbereich zeigt, tapezieren Sie Stoß auf Stoß mit unterschiedlich breiten Tapetenbahnen von verschiedenen Mustertapeten.

Für einen sauberen Abschluss nageln Sie zum Schluss noch unten eine lackierte Sockelleiste an.

- Spanplatten (für den Korpus, als Deckplatte und für die Regalböden)
- Dekorleiste
- kleine Leisten (als Auflage für die Regalböden)
- verschiedene Mustertapetenreste
- Acryllack
- Schrauben
- kleine Nägel
- Holzkitt
- Holzleim
- Schleifpapier mit Schleifklotz
- Tapezierwerkzeug
- Pinsel und/oder Lackierrolle
- Hammer
- Bohrmaschine oder Akkubohrer mit passenden Aufsätzen (insbesondere Senkkopfbohrer)

Tipp

Witzig sieht es auch aus, wenn Sie die Tapetenbahnen quer und nicht längs aufkleben.

Wächst mit

Mehr Bücher, mehr Bilder, mehr Gläser, mehr Lieblingsstücke, die einem ans Herz gewachsen sind und gezeigt werden sollen – wäre es da manchmal nicht praktisch, wenn das Regal mitwachsen würde? Wenn Ehrenplätze für Ihre Schätze ohne Ende möglich wären? Bitte schön, hier die Lösung dafür: Dieses Regal besteht aus Holzelementen in verschiedenen Größen, die zusammengesetzt werden. Bei Bedarf ergänzen Sie einfach weitere Holzelemente.

Jedes Holzelement besteht aus vier Platten, die Sie auf Ihre Wunschmaße zuschneiden oder zuschneiden lassen. Wir haben hier quadratische und rechteckige Elemente miteinander kombiniert; Sie können aber natürlich auch eine andere Zusammenstellung wählen.

Zum Zusammenbauen der einzelnen Elemente bohren Sie jeweils in zwei der Platten mit 8 mm Abstand zur Kante drei Löcher vor. Mit einem Senkkopf-Bohraufsatz (auch Ausreiber oder Kegelsenker genannt) machen Sie jeweils eine kegelförmige Einkerbung in das Loch, in der die Schraube später versenkt werden kann.

Dann fügen Sie die einzelnen Elemente im rechten Winkel zusammen, man spricht hier auch von einer stumpfen Eckverbindung. Zuerst werden diese dabei verleimt und anschließend verschraubt, das sorgt für zusätzliche Stabilität. Die Bohrlöcher machen Sie mithilfe der Spachtelmasse, die Sie nach dem Trocknen glatt schleifen, unsichtbar.

Jetzt geht es ans Streichen. Damit die Holzstruktur noch durchschimmert, haben wir hier Acryllasur genommen und diese mithilfe eines Lasurpinsels ein- bis zweimal aufgetragen.

Die Holzelemente können Sie jetzt nach Belieben aufeinander stapeln, entweder – wie hier auf dem großen Bild gezeigt – mit abwechselnd einem rechteckigen und einem quadratischen Element oder auch nur mit einem rechteckigen Element pro Reihe, wie es auf dem kleinen Bild rechts unten zu sehen ist.

Tipp

Wenn Sie wollen, können Sie die Regalelemente natürlich für mehr Stabilität auch noch miteinander verschrauben, allerdings ist das Regal dann natürlich nicht mehr ganz so flexibel, weil Sie sich dann beim Mitwachsen an den bereits vorhandenen Bohrlöchern orientieren müssen. Sie können die Elemente auch aufeinander leimen, mit der Flexibilität ist dann allerdings Schluss.

- Holzplatten, 20 mm stark (jeweils vier pro Element, Maße nach Wunsch)
- Acryllasur
- Holzspachtelmasse
- Holzschrauben, 6 cm lang (12 pro Element)
- Holzleim
- Schleifpapier mit Schleifklotz
- Lasurpinsel
- ggf. Stichsäge
- Bohrmaschine oder Akkubohrer mit passenden Aufsätzen (insbesondere auch Senkkopfbohrer)

Lücken-Büßer

Vorher eine einfache Wandnische, jetzt Heimat eines raffinierten Regales aus ungehobelten Holzbrettern, das eine Anrichte ersetzt. Teller, Gläser & Co. finden hier ein wunderbares Zuhause. Im Zusammenspiel mit der eher modernen Einrichtung wirkt das Regal schön rustikal, ohne dabei altmodisch auszusehen.

Zuerst müssen Sie die Wandnische alufarben streichen und trocknen lassen.

Dann dübeln Sie die passend abgelängten, sägerauen Bretter an die Wand. Die bekommen Sie im Sägewerk. Dabei sollen die Bretter nicht dicht an dicht sitzen, sondern auf Abstand, damit die alufarbene Wand durchblitzt.

Nach dem Trocknen passen Sie zuerst den Rahmen in die Wandnische ein. Dafür verschrauben Sie normale Holzbretter in passender Länge auf Stoß miteinander. Diesen Rahmen fixieren Sie ebenfalls in der Wandnische.

Für die Regalbretter schrauben Sie kleine Vierkantleisten an die Seiten, auf denen diese aufliegen können. Am besten schon vorher überlegen, was wo stehen soll, dann können Sie die Bretter nämlich in den passenden Abständen anbringen, damit auch höhere Vasen darin Platz finden.

Schieben Sie die Regalbretter ein und verschrauben Sie diese am besten sicherheitshalber von unten her. Dann können die Bretter nicht aus Versehen aus dem Regal rutschen und viele Scherben produzieren.

- trockene, ungehobelte Bretter (gibt's im Sägewerk)
- normale Holzbretter (als Rahmen und Regalbretter)
- kleine Vierkantleisten
- Wandfarbe in Aluminium
- Schrauben mit passenden Wanddübeln
- Pinsel oder Farbrolle
- Bohrmaschine mit passenden Aufsätzen

Tipp

Sie haben keine Wandnische zu Hause? Macht nichts, das Regal sieht auch frei stehend gut aus!

Gemütliches Raumwunder

Wenn in einem Raum wenig Platz ist, dann sind maßgeschneiderte Möbel die richtige Lösung. Die sorgen dafür, dass jeder freie Quadratzentimeter sinnvoll genutzt wird. Und wenn diese dann noch so schön aussehen wie die selbst gebaute Schlaf- und Kuschelnische hier, dann bekommt man richtig Lust auf kleine Zimmer.

Die Holzteile müssen Sie von den Maßen her passend für Ihre Gegebenheiten zu Hause zusägen (lassen) beziehungsweise einkaufen. Planen Sie ruhig ein, dass Ihr Raumwunder von einer Zimmerwand zur anderen reicht, durch die luftige Konstruktion in der Mitte wirkt das bestimmt nicht erdrückend oder vollgestopft.

Dann alle Holzteile lackieren und trocknen lassen. Gegebenenfalls einen Zwischenschliff durchführen und wieder lackieren, je nachdem, was für eine Deckkraft Sie wünschen und abhängig davon, wie sehr sich die Holzfasern durch den ersten Anstrich aufstellen.

Dann geht's an den Aufbau. Bei diesem sollte man mindestens zu zweit sein, sonst ist er fast nicht zu bewältigen. Zuerst müssen Sie die Balken mit Winkeln zwischen Boden und Decke befestigen. Daran montieren Sie die beiden Holzwände.

Die Sitzfläche befestigen Sie dazwischen. Das geht am besten, wenn Sie kleine Leisten an die Wände schrauben, auf denen die Sitzfläche aufliegen darf, mit Winkeln geht es aber auch. Gegebenenfalls schrauben Sie in der Mitte noch passend zur Sitzhöhe abgelängte, kleine Stützpfeiler unter, damit die Sitzfläche mehr Gewicht tragen kann. Außerdem schrauben Sie die Sitzfläche zusätzlich noch an die Seitenwände.

Für mehr Stauraum – nämlich unter der Sitzfläche – befestigen Sie die kleinen Türen mit Klavierbändern an den Balken. Dabei sollten Sie ein kleines bisschen „Luft" zwischen den Türen und dem Boden lassen, das schont den Boden und sorgt dafür, dass die Türen beim Öffnen nicht klemmen. Wenn Sie wollen, können Sie stattdessen auch Kästen bauen, die unter die Sitzfläche passen, und diese mit Rollen versehen – nur mit dem Stützpfeiler in der Mitte wird es dann gegebenenfalls schwierig.

- 2 Holzbalken, die vom Boden bis zur Decke reichen
- 2 Schranktüren
- 2 Kuschelnischen-Wände
- 2 Schrankdeckplatten
- Leisten (2 zum Auflegen der Sitzfläche und 4 zum Auflegen der Schrankdeckplatten)
- 2 kleine Türen
- ggf. Zierleisten (zur Gestaltung der Türen bzw. Nischenwände)
- Regale, Regalböden oder Kleiderstangen (je nach gewünschtem Innenleben in den Schränken)
- 4 Scharniere (zur Montage der Schranktüren an den Zimmerwänden)
- 2 Klavierbänder (zum Anschrauben der kleinen Türen)
- 4 Türgriffe
- mind. 2 Winkel
- Schrauben und ggf. passende Wanddübel
- Acryllack in Weiß
- Pinsel und Lackierrolle
- Schraubendreher
- ggf. Säge
- Bohrmaschine oder Akkubohrer mit passenden Aufsätzen

Für die beiden Schränke links und rechts befestigen Sie die Türen jeweils mit zwei Scharnieren an der Wand. Besonders schön sieht es aus, wenn die Schranktüren noch ein bisschen aufgepeppt werden, zum Beispiel durch verschiedene Leisten und/oder ein ausgesägtes Motiv – wie das Herz hier. Innenliegende Motive sägen Sie am besten aus, indem Sie zuerst ein Loch in das Innere der auszusägenden Fläche (also ins Innere des vorskizzerten Motivs) bohren, dort das Sägeblatt einführen und dann das Motiv vorsichtig aussägen. Auch die aufgeschraubten Zierleisten sorgen für Pepp.

Die Schrankdeckplatte oben liegt jeweils auf zwei Leisten, von denen eine an die Seitenwand geschraubt und die andere an der Zimmerwand befestigt wird.

Das Innere der Schränke statten Sie ganz nach gewünschtem Verwendungszweck mit Regalen (selbst gebaut oder – wenn es schneller gehen soll – auch gerne in passender Größe gekauft), Regalborden oder auch Kleiderstangen aus.

Tipps

Richtig schön romantisch und kuschelig wird Ihre Schlaf- und Kuschelecke durch die dicken Sitzkissen, ein Kissenmeer und den duftigen Vorhang, der mit einem Himmelhalter angebracht wurde.
Sie haben nicht ganz so viel Lust und Zeit zum Bauen? Dann bauen Sie die seitlichen Schränke nicht selbst, sondern kaufen fertige Hochschränke, die sicherheitshalber aber ebenfalls an die Wand geschraubt werden. Der Rest geht wie beschrieben weiter – und dauert dann bestimmt auch nicht lange!

Kuschelig eingebettet

In einer Einzimmerwohnung, einem Gäste- oder einem Jugendzimmer geht es manchmal ganz schön eng zu – und das Bett ist nicht nur Schlafgelegenheit, sondern dient gleichzeitig auch als Sofa. Hier wurde der vorhandene Platz optimal genutzt: Für den Stauraum unter dem Bett wurden selbst Schubladen gebaut. So ist alles immer schön ordentlich verstaut. Und die durch das Regal entstandene Nische sorgt dafür, dass das Ganze auch noch richtig gemütlich aussieht.

- Regal
- Span- oder Tischlerplatten: im Einzelnen: Rückwand für das Regal, 4 Wangen (die das Ganze stützen) sowie jeweils die 5 Bauteile (2 Seitenteile, Rückseitenteil, Boden und Vorderseitenteil) pro Schublade
- gelochte Holzplatte (als Bettrost)
- Leisten
- starre Möbelrollen, jeweils 4 pro Schublade
- Acryllack
- Holzschrauben
- Schrauben und passende Wanddübel
- Pinsel und/oder Lackierrolle
- Bohrmaschine oder Akkubohrer mit passenden Aufsätzen
- ggf. Lochsäge

Zuerst lassen Sie sich die Platten im Baumarkt auf die passende Größe zuschneiden. Orientieren Sie sich dabei an der unten stehenden Skizze, die Maße passen Sie auf Ihre Gegebenheiten zu Hause an. Achten Sie aber auf alle Fälle darauf, dass Sie die Platten auch noch im Auto transportieren können!

Getragen wird unser Podest, wie aus der Skizze ersichtlich, von den vier Wangen, die Sie unten an den Boden beziehungsweise die Wand schrauben. Oben werden diese durch vier Leisten miteinander verbunden.

Darauf schrauben Sie dann die gelochte Platte, die als Bettrost dient. Solche gelochten Platten finden Sie im Holzfachhandel. Wenn Sie die dort nicht erhalten, können Sie eine normale Platte vielleicht auch mithilfe einer Lochsäge selbst mit kreisrunden Ausschnitten versehen.

Danach bauen Sie die Schubladen, in denen Bettwäsche & Co. untergebracht werden können. Beim Zusammenfügen sollten Sie die Seiten und Böden zum Verschrauben am besten vorbohren, damit die Löcher hier nicht ausreißen. Beachten Sie, dass die Frontplatten immer höher sind als die Seitenteile. Bauen Sie die Schubladen bitte jeweils etwas kleiner als die Fächer, damit sie beim Herausziehen nicht verkanten können. Die fehlenden Zentimeter verdecken Sie dann durch Leisten. Unten drunter schrauben Sie jeweils vier starre Rollen. Die sorgen dafür, dass die Schubladen nur gerade herausgezogen werden können. Mit dem eigentlichen Podest sind Sie nun schon fast fertig.

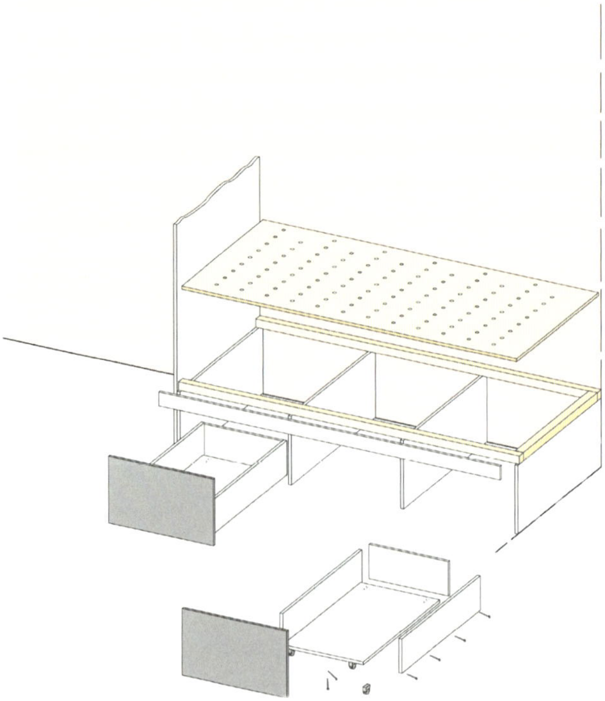

Jetzt geht es noch darum, das gekaufte Regal zu verkleiden. Hinten, das heißt an der Seite, die in Richtung Nische zeigt, schrauben Sie eine Spanplatte an. An die Seitenkante, die in Richtung Raum zeigt, schrauben Sie ein Brett, dessen Breite der Regaltiefe entspricht und das deckenhoch sein sollte. Vom Bett aus wirkt das Ganze jetzt nämlich so, als ob dieses genau in eine Wandnische eingebettet wäre – und somit richtig schön kuschelig und gemütlich. Stellen Sie das Regal ans Ende des Podests und verschrauben Sie es in dieser Position mit der Decke und der Wand.

Zum Schluss wird's farbig: Die Rückseitenwand des Regals streichen Sie in der Wandfarbe der Nische, das seitliche, deckenhohe Brett nimmt die Farbe der Schubladen-Fronten an. Hier haben wir eine Farbkombination aus Orange, Weiß und Grau gewählt. Wie bei jedem Farbanstich bei Holz gilt: Nachdem die erste Lackschicht getrocknet ist, macht man am besten einen Zwischenschliff, entfernt den Staub und lackiert das Ganze im Anschluss noch mal.

Tipp

Damit die Bettwäsche in den Schubladen gut durchlüftet wird, empfiehlt es sich, auch die Bodenplatten der Schubladen vor dem Zusammenschrauben zu lochen. Wer mag, der schraubt noch Möbelgriffe an, dann lassen sich die Schubladen leichter herausziehen.

Ordentlich aufgeräumt

Ein Wohnzimmer ist zum Wohnen da, ganz klar. Und dazu gehören auch gemütliche Lesestunden auf dem Sofa. Was sich da mit der Zeit so alles ansammelt: Zeitschriften, Urlaubsprospekte, Lieblingsbücher und, und, und. Damit auf dem Sofatisch noch Platz für leckeres Essen und Trinken bleibt, wandert das Lesematerial jetzt einfach eine Etage tiefer – in die Fächer des selbst gebauten Couchtischs.

Die Holzteile lassen Sie sich wie in der Materialliste aufgeführt im Baumarkt zuschneiden, das spart Zeit.

Dann leimen Sie für die Tisch- und die Bodenplatte jeweils zwei 19 mm starke MDF-Platten aufeinander. Die Platten bis zum Abbinden des Leimes am besten mit Schraubzwingen aufeinander pressen, damit die Verbindung auch wirklich hält. Vergessen Sie dabei nicht, kleine Holzstückchen oder Ähnliches unterzulegen, damit die Schraubzwingen keine Abdrücke auf dem Holz hinterlassen.

Bei den Zwischenstücken müssen Sie jeweils einen 19 mm breiten und 15 cm langen Schlitz einsägen, damit die beiden Stücke ineinander gesteckt werden können. Dabei muss sehr sauber und exakt vorgegangen werden, sonst funktioniert es nicht! Die Kanten glätten.

Dann die Teile lackieren und trocknen lassen. Führen Sie bei Bedarf einen Zwischenschliff durch und lackieren Sie die Teile im Anschluss erneut.

Anschließend verleimen Sie die Tischteile wie in der Skizze gezeigt miteinander. Wer will, dreht zur Sicherheit noch ein paar Schrauben ein.

Zum Schluss schrauben Sie die Lenkrollen unter – fertig.

Tipp

Viele Baumärkte bieten einen sogenannten Zuschnittsservice an. Nützen Sie diesen, er spart Ihnen nicht nur viel Zeit, sondern auch Arbeit!

- MDF-Platten, 19 mm stark:
  - 2x 80 cm x 80 cm (Tischplatte)
  - 2x 80 cm x 80 cm (Bodenplatte)
  - 2x 76 cm x 30 cm (Zwischenstücke)
- 4 Lenkrollen
- Acryllack
- Leim
- ggf. Schrauben
- Schleifpapier mit Schleifklotz
- Pinsel und/oder Lackierrolle
- ggf. Schraubendreher oder Akkubohrer mit passenden Aufsätzen
- Säge

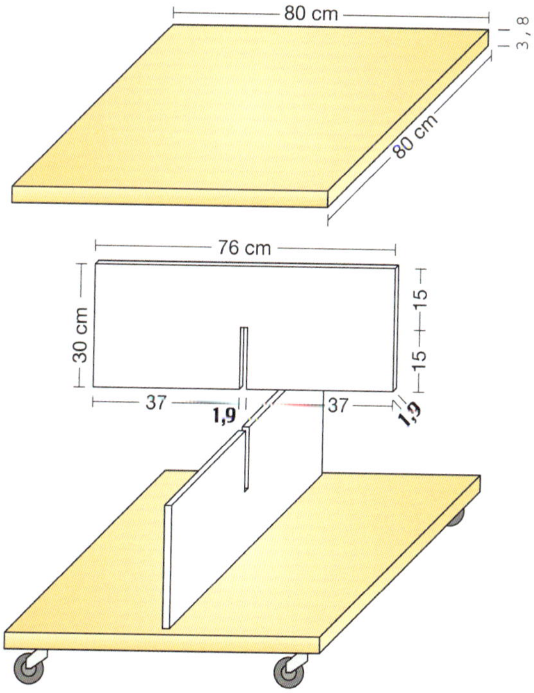

Raffiniert versteckt

Auf den ersten Blick sieht das hier nach einem ganz normalen Schlafzimmer im Dachgeschoss mit einer ganz normalen Wand hinter dem Bett aus. Wirklich? Dann schauen Sie mal genauer hin: Richtig, in der Schräge hinter dem Bett verstecken sich nämlich ein Betthaupt mit raffinierter Beleuchtung sowie kleine Schränke, in denen Sie Pullover, T-Shirts und mehr verstauen können.

Zimmer mit Dachschräge sind meistens sehr gemütlich, gleichzeitig aber auch ein wenig unpraktisch, weil man sich hier beim Aufstehen leicht den Kopf anschlägt. Die Lösung? Ein maßgeschneiderter Einbau, dank dem das Bett ein Stück nach vorne rückt. Der Bereich dahinter wird mit Regalen aufgefüllt. Und so geht's:

An den Wänden links und rechts neben dem Betthaupt bringen Sie Regalböden mit den beiliegenden oder dazu gekauften Wandbefestigungen an. Damit sie als Stauraum taugen, sollten die Regalböden mindestens 30 cm tief sein, gerne auch tiefer.

Etwas kniffliger ist das Betthaupt selbst zu bauen. Sägen Sie zuerst einen Ausschnitt in die Rückwandplatte. Hinter diesem Ausschnitt montieren Sie einen u-förmigen, selbst gebauten und oben offenen Kasten sowie eine Leuchtstoffröhre (Linestra®-Leuchte). An die Seiten kommen Plattenstücke, die so aufgeschraubt werden, dass der Abstand dazwischen als Auflage für die Regalböden genutzt werden kann.

Danach befestigen Sie die Betthauptplatte mit Ausschnitt oben an der Decke und unten am Boden. Um die Schräge oben auszugleichen, brauchen Sie ein Dreiecksholz mit entsprechendem Winkel.

Als Türen vor den Regalen dienen zwei Platten, eine für links, eine für rechts, die mit Klavierband oder Scharnieren an die Seiten geschraubt werden. An den seitlichen Wänden bringen Sie jeweils eine Leiste an, dann lassen sich die Türen besser öffnen.

Zum Schluss streichen Sie die Konstruktion noch mit Acryllack, und zwar am besten zweimal.

- Regalböden samt passender Wandbefestigung
- Holzplatten (als Türen, für die Rückwand sowie den u-förmigen Kasten und die Plattenstreifen, die als Auflage dienen)
- Dreiecksholz (Abschluss oben)
- Holzleisten
- Leuchtstoffröhre (Linestra®-Leuchte)
- Acryllack
- Klavierband oder Scharniere
- Schrauben
- Pinsel und/oder Lackierrolle
- Bohrmaschine oder Akkubohrer mit passenden Aufsätzen

Tipp

Wer mag, der montiert zusätzlich noch Griffe an den Türen und/oder unten Kugelrollen, damit diese leichter zu öffnen sind.

Haupt-Sache

Reicht Ihr Nachtisch nicht aus für all die Sachen, die Sie beim Einschlafen oder zum Aufwachen um sich herum haben wollen? Bücher, Wecker, Wasserflasche und Co.? Dann versehen Sie Ihr Bett mit einem neuen Betthaupt. Dieses hier erinnert dank der üppigen Ornamente fast schon an ein Schlafgemach in einem Grandhotel.

Lassen Sie sich die Teile aus den MDF-Platten am besten im Baumarkt auf die passende Größe zuschneiden, das spart Ihnen viel Zeit und Arbeit.

Dann leimen und schrauben Sie die Teile wie auf der unten stehenden Bauskizze gezeigt zusammen. Beachten Sie dabei, dass das Betthaupt zwei Deckplatten hat: Die etwas kleinere kommt nach unten, die etwas größere nach oben. Die Borde bieten dabei Platz für alles, was Sie vor, während oder nach dem Schlafen griffbereit haben wollen. In der Nische rechts, die keine Borde hat, finden Bügelbrett, Morgenmantel (am Haken) & Co. ihren Platz.

Danach kleben Sie die passend zugeschnittenen und grundierten Reliefs auf. Achten Sie dabei darauf, dass diese an den Stößen ganz exakt zusammengesetzt werden müssen.

Zum Schluss lackieren Sie das Betthaupt noch mal und stellen es einfach hinter Ihr Bett an die Wand. Durch die senkrechte Holzplatte steht das Bord von alleine und Sie müssen es nicht zusätzlich an die Wand montieren.

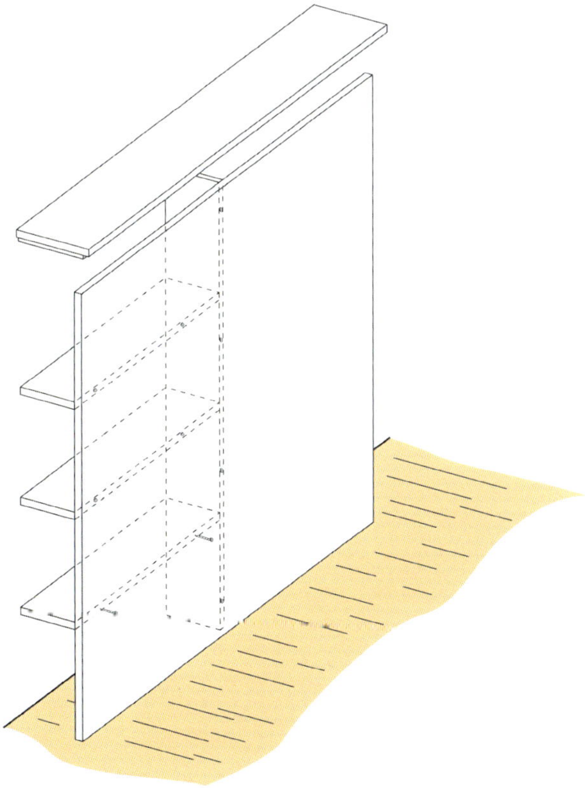

- MDF-Platten, 19 mm stark:
  - Frontplatte, 160 cm x 120 cm
  - senkrechter Plattenstreifen, 15 cm x 120 cm
  - 3 Borde, 15 cm x 80 cm
  - untere Deckplatte, 17 cm x 160 cm
  - obere Deckplatte, 17,5 cm x 161 cm
- Pappreliefs
- Acryl-Sprühlack
- Holzleim
- Schrauben
- Schleifpapier mit Schleifblock
- Sprühkleber
- Bohrmaschine oder Akkubohrer mit passenden Aufsätzen

(die Maßangaben hier gelten für ein 160 cm breites und 120 cm hohes Betthaupt; passen Sie die Maße ggf. an Ihre Gegebenheiten an)

Tipps

Wichtig: Für die farbige Gestaltung der Pappornamente müssen Sie Acryl-Sprühlack nehmen, zum Aufkleben Sprühkleber. Warum? Weil diese sonst aufweichen!
Bei Bedarf passen Sie die Maße einfach an Ihr Bett an. Wichtig ist, dass das Betthaupt seitlich etwa 20 cm übersteht und dass die Borde mindestens 15 cm tief sind, damit Sie bequem hineingreifen können.

Frei schwebend

Für Nischen, kleine Räume oder jede Gelegenheit, bei der es etwas luftiger zugehen soll: Dieses Regal sieht fast so aus, als würde es frei im Raum schweben. Das liegt an der fast unsichtbaren Gewindestangen-Konstruktion. Schwierig zu bauen? Nein, kein bisschen, nur zum Eisenwarenfachhandel müssen Sie vielleicht zusätzlich gehen.

In die Bretter im Abstand von 2,5 cm zu den Außenkanten Löcher für die Gewindestangen bohren. Passend dazu auch Löcher in die Decke bohren.

Dann müssen Sie die Gewindestangen mit Dübeln, Stockschrauben und Verbindungsmuttern in der Decke befestigen. Nehmen Sie dazu eine ausreichend hohe Leiter, sonst ist das „Über-Kopf-Arbeiten" nämlich nach einer Weile ziemlich anstrengend. Außerdem brauchen Sie unbedingt eine stabile Decke, in Altbauten kann das unter Umständen kritisch sein.

Jetzt geht's ans Schrauben: Drehen Sie in der gewünschten Höhe Muttern auf die Gewindestangen. Dann fädeln Sie Unterlegscheiben und das erste Brett auf. So fahren Sie fort, bis Sie alle Bretter, Unterlegscheiben und Muttern platziert haben. Bei dieser Arbeit sollten Sie mindestens zu zweit sein! Das letzte Brett (unten) wird mit Hutmuttern an Ort und Stelle gehalten.

- 5 kreuzverleimte Leimholzbretter, 18 mm stark, 40 cm x 40 cm
- 4 Gewindestangen, ø 8 mm, 2 m lang
- 36 Muttern, 4 Unterlegscheiben und 4 Hutmuttern (passend zu den Gewindestangen)
- 4 Stockschrauben mit 8 mm-Gewinde für Mauerwerk und Holz, 4 Verbindungsmuttern und 4 Dübel (für die Befestigung an der Decke, gibt's im Eisenwarenfachhandel)
- Bohrmaschine mit passenden Aufsätzen

Mein Büro? – Der Schrank!

Platz für eine Büroecke oder ein ganzes Arbeitszimmer, das haben die wenigsten, Schreibkram zu erledigen dagegen die meisten. Wenn die Arbeit nicht immer ins Auge fallen soll, Sie aber trotzdem ein kleines Fleckchen wollen, an dem Sie alle wichtigen Unterlagen unterbringen können, dann wäre das Schrank-Büro genau das Richtige für Sie. Das ist ganz schnell geschlossen, wenn Freizeit auf dem Programm steht!

Eine tolle Aufgabe für Schränke, die eigentlich noch in Ordnung, aber nicht mehr schön anzusehen sind. So umgestaltet, können sie als abschließbares Mini-Büro fungieren. Dafür müssen Sie zuerst alle alten Beschläge abschrauben und die Ablageborde herausnehmen. Dann alle Holzteile mit feinem Schleifpapier anrauen. Bei Rundungen ist ein Schleifschwamm hilfreich. Den Schleifstaub entfernen.

Alle Holzteile lackieren. Für die großen Flächen nehmen Sie eine Lackierrolle, für die Kanten den Pinsel. Alles trocknen lassen, einen Zwischenschliff durchführen und erneut lackieren.

Nach dem Trocknen kleben Sie die Papier-Tischläufer auf. Diese dafür zuerst nur grob zuschneiden und mit dem nach Herstellerangaben angesetzten Tapetenkleister aufkleben. Die überstehenden Ränder werden mit dem Cutter abgeschnitten. Wieder trocknen lassen.

Danach versiegeln Sie die aufgeklebten Papiere mit einer Schicht Klarlack. Das sorgt dafür, dass die Oberfläche robuster wird und im Notfall auch mal abgewischt werden kann.

Als Blickfang wurde hier eine große Hartschaum-Rosette auf die Vorderseite des Schranks geklebt. Diese dazu mit einem Cutter halbieren, mit Bastelfarbe anmalen (auch an die Schnittfläche denken!) und so auf die Schranktüren kleben, dass diese noch problemlos geöffnet werden können.

Zum Schluss geht es an die „Inneneinrichtung“: Setzen Sie die lackierten Borde wieder ein. Wenn der Schrank keine Borde mehr hat, können Sie auch passend zugesägte und lackierte Sperrholzplatten nehmen; schrauben Sie für diese kleine, lackierte Leisten in den Schrank, damit die Sperrholzplatten aufgelegt werden können. Die Arbeitsfläche sollte eine angenehme Arbeitshöhe aufweisen, ca. 72 cm. Damit es kein Kabelgewirr gibt, müssen Sie eventuell noch ein Loch in die Rückwand bohren, durch das die Kabel geführt werden können.

- alten Schrank
- große Hartschaumrosette
- ggf. Sperrholz
- ggf. Leisten
- Papier-Tischläufer
- Acryllack in Weiß
- Bastelfarbe
- Klarlack
- Schraubhaken
- Tapetenkleister
- Schleifpapier mit Schleifklotz
- Schleifschwamm für Rundungen
- Cutter
- Pinsel und Lackrolle
- Tapezierwerkzeug
- Bohrmaschine oder Akkubohrer mit passenden Aufsätzen

Tipp

Wenn Sie unter der Arbeitsplatte noch einen Tabelarauszug montieren, dann wird das Arbeiten im Mini-Büro noch bequemer – ob's mehr Spaß macht, hängt allerdings von der Art der Arbeit ab.

G&R
BLACK AND WHITE
ACK AND WH
BLACK AND

Herzlich willkommen

Einen Flur wohnlich zu gestalten, ist gar nicht so einfach: Entweder man greift zu den biederen Standardmöbeln – oder hat viele Rümpelecken und Schuhberge, die nicht wirklich einladend aussehen. Die Lösung? Ein Multiregal, in dem Schuhe, Jacken und Co. immer griffbereit sind. So ist's aufgeräumt und schön im Eingangsbereich.

Zuerst bauen Sie das Grundgerüst. Dabei orientieren Sie sich an der unten stehenden Zeichnung. Die Zwischenwand, Böden und Stangenhalter schrauben Sie dazu wie gezeigt in die entstandenen Ecken beziehungsweise die Wand.

Danach streichen Sie alle sichtbaren Holzteile in Weiß, auch die Holzboxen, und lassen sie trocknen. Eventuell einen Zwischenschliff durchführen und das Ganze erneut streichen.

Dann wird die Frontplatte tapeziert. Dazu setzen Sie den Tapetenkleister den Herstellerangaben entsprechend an, tragen ihn auf die Tapete auf und streichen sie mit einer weichen Bürste auf der Frontplatte an.

Zum Schluss schrauben Sie vorne die Holzkästen fest und kleben oben die Hartschaum-Stuckleiste an. Diese müssen Sie an den Ecken auf Gehrung zusägen.

Der besondere Clou: Aus der übrig gebliebenen Tapete haben wir als Wandschmuck einen Koffer und eine Tasche ausgeschnitten und mit Tapetenkleister an die Wand geklebt.

Tipp

Die Größe können Sie natürlich individuell an Ihren Flur anpassen. Mehr Platz für Schuhe und Mäntel gibt's, wenn Sie das Regal ein bisschen tiefer machen.

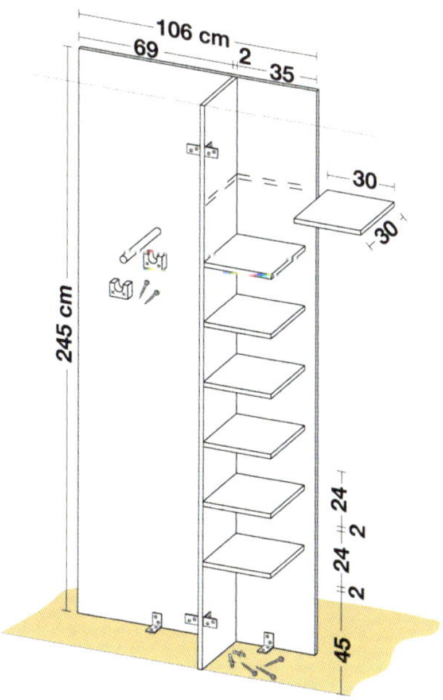

- Spanplatten, 20 mm stark:
  - 106 cm x 245 cm (Frontplatte)
  - 7x 30 cm x 30 cm (Schuhfächer)
  - 30 cm x 245 cm (Zwischenwand)
- Holzboxen in verschiedenen Größen
- Kleiderstange mit Befestigung
- Tapete
- Hartschaum-Stuckleiste
- Winkel
- Schrauben
- Acryllack in Weiß
- Tapetenkleister
- Spezialkleber für Hartschaum-Stuckleisten
- Tapezierwerkzeug
- Pinsel oder Lackrolle
- Säge
- Bohrmaschine oder Akkubohrer mit passenden Aufsätzen

Sitzbank mit Stauraum

Für den Eingangsbereich perfekt geeignet ist eine Sitzbank mit Stauraum. Die „Beine" bestehen aus Porenbetonsteinen, die Sie passend zusägen, streichen (siehe auch das Regal „Hoch gestapelt", Seite 10/11) und mit Fliesenkleber miteinander verbinden. Damit nichts wackelt, werden sie zusätzlich mit Winkeln an der Wand fixiert. Die Sitzfläche besteht aus einer weiß lasierten Leimholzplatte.

Kassetten-Paravent

Für diesen Paravent in Kassettenoptik, hinter dem sich Kleiderstangen und ähnliche Dinge verstecken lassen, müssen Sie kein großer Heimwerker sein. Lassen Sie sich einfach im Baumarkt drei Holzplatten zusägen, die eine Kunststoff-Kassette (siehe dazu auch Seite 108/109) breit und drei hoch sind. Kleben Sie die lackierten Kunststoff-Kassetten auf die Holzplatten und verbinden Sie diese mit Klavierband. Wer es besonders romantisch haben möchte, der schneidet zusätzlich noch ein paar hübsche Motive aus Tapetenresten aus und verziert den Paravent damit. Und schon ist es mit der Ordnung im Schlafzimmer kein Hexenwerk mehr.

Solokünstler

Die Holzelemente von dem mitwachsenden Regal (siehe Seite 14/15) machen auch einzeln eine gute Figur. Dies ist praktisch, wenn Elemente nach einer Neuzusammenstellung des Regals übrig bleiben oder wenn Sie sowieso gerade im Bauen drin sind und einfach einige mehr produzieren. Hockkant aufgestellt dienen sie als Pflanzenständer, kleine Abstelltischchen oder einfach als Blickfang im Wohnzimmer. Wer mag, der setzt zusätzlich einen Zwischenboden ein.

Weil's in der Küche immer besser schmeckt

Klar steht ein Esstisch im Wohnzimmer. In der Küche ist es aber oft trotzdem gemütlicher, vor allen Dingen morgens beim schnellen Frühstück zu zweit. In den meisten Küchen ist aber nicht besonders viel Platz. Die Lösung? Ein Klapptisch, der sich dünn macht, wenn geschnippelt und gekocht wird. Praktisch: Die Tischsets sind hier schon aufgemalt, das Tischdecken geht also ruck, zuck.

Vorhang auf!

Wer nicht immer an die Arbeit erinnert werden möchte, der versteckt die Regale mitsamt den Ordnern hinter Vorhängen, die mit Stahlseilen aufgehängt werden. Der Arbeitstisch kann nach unten geklappt werden, wenn er nicht gebraucht wird. Und voilà, schon wird aus einem Büro ein gemütliches Wohnzimmer.

Wie mit Bauklötzchen

Erinnert ein bisschen an unsere Kindheit, als wir Bauklötzchen aufeinander gestapelt haben – nur dass es sich jetzt um Bretter und Blumentöpfe beziehungsweise Bücher handelt. Was dabei rauskommt? Witzige Regale, die es so garantiert nirgendwo zu kaufen gibt. Bei den Regalbrettern handelt es sich um Kiefernholzbretter aus dem Baumarkt, die lackiert wurden. Bei dem Topfregal müssen Sie darauf achten, dass die unteren Töpfe mit der Öffnung nach unten stehen und dass danach deren Richtung abgewechselt wird. Bei den Bücherstapeln sollten Sie darauf achten, dass diese auch wirklich gleich hoch sind, sonst wird es eine wackelige Angelegenheit! Was sich sonst noch alles zum Regalbau eignet? Backsteine, Weinkisten, Speiseölkanister und, und, und.

Nischen-Schrank

Ein Zimmer im Dachgeschoss, aber keine gerade Wand, an die ein Schrank passt? Dann bauen Sie selbst einen! Wie? Indem Sie aus Sperrholz eine Seitenwand zusägen (lassen), die mit dem Boden, der Decke und den dahinter versteckten Regalen verschraubt wird. Statt Türen werden hier Schiebepaneele eingebaut, die in einer Deckenschiene geführt werden. Die nehmen nicht viel Platz weg und können sich fast unsichtbar machen – nämlich indem sie wie eine Wand wirken, die dort schon immer hingehört hat.

Vorhang-Garderobe

Noch eine kreative Vorhang-Lösung, die beweist, dass Vorhänge nicht nur Fenster schmücken können. In Kombination mit Regalen und einer Kleiderstange wird daraus eine Garderobe. Achten Sie aber darauf, dass zwischen der Wand und dem Vorhang mindestens 60 cm Abstand sein müssen, damit sich die Kleiderbügel samt Jacken nicht hinter dem Stoff abzeichnen.

CUISINE
Hier spricht der Kapitän ...

Endlich (wieder) schön

Irgendwann ist bei jedem Möbelstück einfach der Lack ab: Es wird alt, altmodisch oder passt einfach nicht mehr zur Einrichtung. Sie müssen in dem Fall aber nicht sofort den Sperrmüll bestellen, denn mit ein bisschen Farbe und viel Fantasie können Sie die Stücke durchaus wieder aufmöbeln! Das spart bares Geld – und verwandelt die Teile in unverwechselbare Unikate, die es so garantiert nirgendwo zu kaufen gibt. Schauen Sie sich ruhig mal um, was bei Ihnen so alles eine kleine Frischekur vertragen könnte!

Neues Gewand

Ihr Lieblingssessel hat schon mal bessere Tage gesehen? Soll vorkommen, ist aber eigentlich kein Problem, sondern vielmehr eine gute Gelegenheit, ihm ein neues, frühlingsfrisches Aussehen zu verpassen – und zwar in Form einer Husse. Wer viel Zeit und Muse hat, der kann mit dem Schnittmuster auch zwei ganz unterschiedliche Hussen nähen. Schließlich haben Sie auch nicht immer auf den gleichen Mantel Lust, oder?

Vorher ein in die Tage gekommener Sessel, jetzt ein wahres Prachtstück. Los geht's mit dem Papierschnitt. Orientieren Sie sich dabei bitte an der nebenstehenden Zeichnung. Die blauen Pfeile stehen dabei für den karierten Stoff, die roten für den gestreiften. Beachten Sie bitte: Es geht hier um den Sessel und nicht um die Polster. Fangen Sie am besten mit der Vorderseite (hier also dem karierten Stoff) an , messen Sie diese genau aus und übertragen Sie die Maße auf das Seidenpapier. Geben Sie dabei allerdings an jeder Seite 1,5 cm Mehrweite und 2 cm Nahtzugabe hinzu. So bei jedem Teil vorgehen. Für den Saum unten können Sie, je nach Geschmack und wie lange die Husse werden soll, gerne ein paar Zentimeter zusätzlich hinzufügen.

- unterschiedlich gemusterte Stoffe
- ggf. Reißverschlüsse
- Seidenpapier (für den Schnitt)
- Näh-Utensilien

Bevor Sie die Teile endgültig zusammennähen, sollten Sie sie vorher grob zusammenheften und einmal über den Sessel ziehen. So erkennen Sie am besten, ob alles passt oder ob an der einen oder anderen Stelle noch Korrekturen vorgenommen werden müssen.

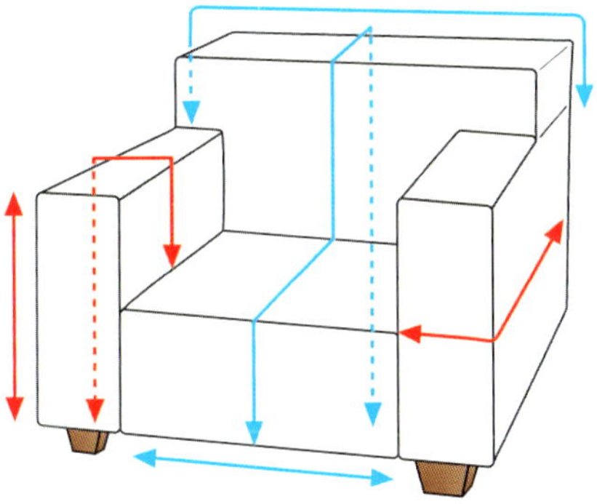

Danach nähen Sie die Husse richtig zusammen und versäubern die Kanten noch mittels eines Zickzackstichs, damit diese nicht ausfransen können.

Auch das Sitz- und das Rückenkissen erhalten auf die gleiche Art und Weise einen neuen Bezug. Weil diese vermutlich am stärksten in Anspruch genommen werden, empfiehlt es sich hier, jeweils einen Reißverschluss mit einzunähen, damit die Bezüge abgenommen und gewaschen werden können.

Tipps

Besonders schön sieht die Sesselhusse durch den harmonischen Muster-Mix aus. Wenn Sie, wie hier geschehen, Blümchen-, Karo- und Streifenstoffe miteinander mischen wollen, dann achten Sie darauf, dass einige Grund-Farbtöne in allen Stoffen auftauchen, dann passt es!
Bei Stoffen mit geometrischen Mustern (Streifen, Karos) ist es besonders wichtig, dass Sie beim Zuschneiden der Stoffe auf den Musterverlauf achten, sonst wirkt es schnell krumm und schief.

Blüten-Träume

Unter den Erbstücken oder auf dem Flohmarkt finden Sie einen alten Küchenschrank? Dann sind Sie zu beneiden! Mit ein bisschen Farbe und Geschenkpapier (ja, Sie haben richtig gelesen!) entsteht daraus nämlich ein tolles Einzelstück, das zum Blickfang in Ihrer Küche oder dem Essbereich mutiert. Und Appetit auf den Frühling macht es zudem.

Eine Frischekur für einen alten Küchenschrank ist ein schnelles Unterfangen. Schleifen Sie den alten Schrank zuerst an und wischen Sie den Schleifstaub ab.

Dann lackieren Sie den Schrank innen und außen in Weiß, lassen ihn trocken, schleifen ihn nochmals leicht an und tragen dann eine zweite Farbschicht auf. Für die großen Flächen eignet sich die Schaumstoff-Lackierrolle, für die Ecken und Kanten nehmen Sie den Pinsel.

Die gewünschten Motive mit einer spitzen Schere aus dem Geschenkpapier ausschneiden. Wir haben uns hier für frühlingshafte Tulpen entschieden. Rühren Sie den Tapentenkleister nach Herstellerangaben an und streichen Sie die Tulpen damit ein. Lassen Sie den Kleister einige Minuten einziehen und kleben Sie die Motive dann an den gewünschten Stellen auf den Schrank. Dabei die Blüten gut andrücken und schön glattstreichen, damit keine Blasen entstehen.

Zum Schluss den Klarlack auftragen, damit die Blumen gut geschützt sind.

- alten Küchenschrank
- Acrylfarbe in Weiß
- Acryllack in Transparent
- Geschenkpapier
- Tapetenkleister
- Schleifpapier mit Schleifklotz
- spitze Schere
- Plastikschale
- Schaumstoff-Lackierrolle
- verschiedene Pinsel (zum Lackieren und um die Motive mit Kleister zu bestreichen)

Tipp

Besonders schön sieht es aus, wenn Sie das Geschenkpapier, aus dem die Blüten ausgeschnitten sind, zusätzlich als Einlegepapier innen verwenden oder alternativ großflächig damit die Einlegeböden bekleben.

OLIO DI OLIVA
EXTRA VIRGINE
INPETTO
Prodotto Originale Mediterraneo
OLIO DI OLIVA
EXTRA VIRGINE
NATIVES REINES
OLIVENÖL EXTRA
500 ml e

Originelle Verpackung

Augen auf beim nächsten Besuch im Feinkostladen oder beim nächsten Supermarktbesuch im Urlaub. Warum? Weil es dort Verpackungen gibt, die einfach nichts im Schrank verloren haben, sondern so dekorativ sind, dass man sie sich am besten offen ins Regal stellt. Manche sind sogar so schön, dass man damit ein (altes) Möbelstück aufpeppen kann – wie das Second-Hand-Nachtschränkchen hier. Das geht einfacher, als Sie auf den ersten Blick denken mögen.

Bei diesem Modell führt Sie Ihr erster Gang in den Copyladen. Dort müssen Sie nämlich eine Farbkopie von dem ausgewählten Motiv anfertigen lassen. Je nach gewünschter Endgröße des Motivs müssen Sie dieses dafür eventuell vergrößern, vielleicht sogar auf mehrere A3-Blätter, und anschließend wieder zusammensetzen. Für das Nachtschränkchen hier haben wir das Motiv auf die Maße der Türfüllung vergrößert.

Schrauben Sie die Knöpfe ab. Danach schleifen Sie das Nachtschränkchen, wie bei fast jeder „Aufmöbelungs-Aktion", zuerst einmal an und entfernen den Schleifstaub. Danach bekommt es einen zweifachen Anstrich in Weiß. Sparen Sie dabei allerdings die Stellen aus, die Sie mit dem Dosenmotiv bekleben wollen. Auch die Möbelknöpfe werden weiß lackiert.

Nach dem Trocknen können Sie das Motiv aufkleben, und zwar entweder mit Sprühkleber oder Tapetenkleister. Achten Sie darauf, dass beim Aufkleben keine Luftblasen entstehen. Je nachdem, wie groß das Motiv ist, heißt es hier eventuell ein bisschen „puzzeln". Schützen Sie das Motiv mit Klarlack.

Zum Schluss schrauben Sie einfach wieder die Möbelknöpfe an.

- altes Nachtschränkchen
- Dose o. Ä. mit hübschem Motiv
- Acryllack in Weiß
- Klarlack
- Sprühkleber oder Tapetenkleister
- Schleifpapier mit Schleifklotz
- Pinsel und/oder Lackierrolle

Tipp

Im Fachhandel gibt es eine große Auswahl an unterschiedlichen Möbelknöpfen zu kaufen. Wer will, kann diese also problemlos austauschen und sich welche aussuchen, die besser zu dem Werbemotiv passen.

Wachgeküsst

Wenn eine dunkle, alte Kommode „wachgeküsst" wird, dann kann es durchaus passieren, dass sie sich in ein romantisches Möbelstück für ein richtig feminines Boudoir verwandelt. Was Sie dafür brauchen? Ein bisschen Holz, Farbe und handwerkliches Geschick. Wenn so etwas Schönes dabei herauskommt, dann greift die Dame des Hauses sicher selbst gerne zu Pinsel und Stichsäge, stimmt's?

Zuerst müssen Sie das dunkle Holz leicht anschleifen, damit der neue, helle Lack besser hält.

Danach sägen Sie mit der Stichsäge die geschwungenen Grifflöcher in die Schubladen. Diese nehmen hier die Form des geschwungenen Aufsatzes wieder auf – nur in klein natürlich.

Danach lackieren Sie die Kommode in Hellgrau, lassen sie trocknen und tragen nach einem Zwischenschliff die zweite Lackschicht auf. Das sorgt dafür, dass die Oberfläche schön glatt wird. Die Zierelemente, wie die seitlichen Reliefs, die vorher kaum auffallen, haben wir hier mit Weiß betont.

Den Aufsatz bauen Sie selbst. Sie brauchen dafür zwei Seiten- und eine Deckelplatte sowie eine Rückwand. Sägen Sie die Holzteile in der passenden Größe für Ihre Kommode zu; hier bei diesem Modell wurden in der Tiefe 15 cm abgezogen. Die Rückwand nimmt oben die geschwungene Form der ausgesägten Grifflöcher auf. Zeichnen Sie diese vor, bevor Sie sie mit der Stichsäge aussägen. Schrauben Sie die Teile zusammen, schleifen Sie sie ab und lackieren Sie sie wie die Kommode. Damit nichts verrutscht, wird der Aufsatz mit Flachwinkeln an der Kommode befestigt.

- alte Kommode
- Holzplatten, 20 mm stark
- Acryllack in Hellgrau und Weiß
- Schrauben
- Flachwinkel
- Schleifpapier mit Schleifklotz
- Pinsel und Lackierrolle
- Stichsäge
- Bohrmaschine oder Akkubohrer mit passenden Aufsätzen

Tipp

Wenn Sie wollen, dass die Kommode nostalgischer aussieht, dann tragen Sie zwischen dem ersten und dem zweiten Lackauftrag eine Schicht Krakelierlack auf, der die Oberfläche noch antiker wirken lässt.

Es ist angerichtet

Zu einem schön gedeckten Tisch gehören auch Servietten, klar. Diese müssen aber nicht immer auf dem Tisch liegen, sondern können den Tisch auch auf andere Art und Weise zieren – und zwar dank der Serviettentechnik. Bei dem Stichwort „Serviettentechnik" denken Sie an einfache Bastelei? Dann lassen Sie sich von dem Modell hier überraschen!

Zuerst haben wir den Tisch angeschliffen, lackiert und trocknen gelassen. Denken Sie dabei daran, dass Sie die Schubladen vorher rausnehmen müssen und auch die Griffe abschrauben. Damit der Lack wirklich schön glatt wird, empfiehlt es sich, jetzt noch einen Zwischenschliff durchzuführen und eine zweite Lackschicht aufzutragen. Bei diesem Flohmarkt-Fundstück haben wir uns für weiße Tischbeine und -seitenteile entschieden, für die Tischplatte samt Kanten haben wir hellblau gewählt.

Wenn der Lack getrocknet ist, können Sie die Servietten aufkleben. Ziehen Sie dafür vorsichtig die obere, bedruckte Serviettenlage ab, denn nur diese wird bei der Serviettentechnik verarbeitet. Tragen Sie den Serviettenkleber auf die zu beklebende Stelle auf, legen Sie die Serviette auf und streichen Sie sie vorsichtig von innen nach außen hin glatt. Bei den Schubladenfronten sollten Sie die Servietten am besten auch um die Kanten legen, damit sie besser haften, die Tischplatte bekommt eine „Servietten-Tischdecke" aufgeklebt. Lassen Sie den Kleber trocknen und tragen Sie anschließend zum Schutz eine weitere Serviettenkleber-Schicht auf.

Denken Sie daran, zum Schluss die Schubladengriffe wieder anzuschrauben. So, jetzt fehlt nur noch ein selbst gebackener Kuchen, dann kann das Schlemmen am schön „gedeckten" Tisch beginnen.

Tipp

Die filigranen Serviettenmotive kommen nur auf einem hellen (am besten weißen) Untergrund schön zur Geltung, nicht aber auf einem dunklem. Wenn Sie ein dunkles Objekt mit der Serviettentechnik umgestalten wollen, dann empfiehlt es sich, dass Sie zumindest die Stelle, auf die die Serviette geklebt werden soll, hell grundieren – der Rest darf dann ruhig dunkel sein!

- alten Tisch
- Acryllack in Weiß und Hellblau
- Papierservietten
- Serviettenkleber
- Schleifpapier mit Schleifklotz
- verschiedene Pinsel (zum Lackieren und um den Serviettenkleber aufzutragen)

Raffiniert verwandelt

Kommoden sind Lieblingsstücke, weil darin schnell alles Platz findet, was nicht herumliegen soll. Irgendwann kann es aber passieren, dass man sich an einem Möbelstück satt gesehen hat. Was dann? Der nächste Weg führt Sie hier nicht zum Sperrmüll, sondern in den Baumarkt, denn dort finden Sie alles, was Sie brauchen, um das alte Stück einer raffinierten Verwandlung zu unterziehen. Der besondere Clou ist hier die interessante Schließtechnik.

Damit der Lack gut hält, müssen Sie die alte Kommode zuerst anschleifen und den Schleifstaub entfernen. Den Aufsatz haben wir abgenommen. Danach lackieren Sie die Kommode, für die großen Flächen nehmen Sie dabei die Walze, für kleinere den Pinsel. Führen Sie gegebenfalls einen Zwischenschliff durch und tragen Sie eine zweite Lackschicht auf.

Für die Beschläge malen Sie mit Filzstift zwei große Halbkreise auf das Dekorblech und schneiden diese mit der Blechschere aus. Nageln Sie die Halbkreise wie abgebildet auf die Türen auf.

Dann geht es an den Verschluss: Schrauben Sie dafür die beiden Ösenplatten in gleicher Höhe auf die Türen, und zwar auf die Beschläge. Den Riegel formen Sie aus der Aluminiumstange, die Sie in den Schraubstock spannen und zu einem L biegen.

Die Griffe oben bestehen aus zwei kleinen Blech-Rechtecken, von denen Sie die Ecken abzwicken und die Sie anschließend auf die Türen nageln. Zum Schluss drehen Sie hier die Ringschrauben ein.

- alte Kommode
- Dekor-Aluminiumblech, 0,8 mm stark
- Acrylfarbe
- 2 Ringschrauben mit Metallringen (aus dem Eisenwarenhandel)
- 2 Ösenplatten (sonst werden die für Kellerschlösser verwendet)
- Aluminium-Rundstab, ø 1 cm
- Schrauben
- Nägel
- Schleifpapier mit Schleifklotz
- Schraubstock
- Blechschere
- Hammer
- Zange
- Filzstift
- Pinsel und Farbrolle
- Bohrmaschine oder Akkubohrer mit passenden Aufsätzen (hier Metallbohrer)

Schau-Fenster

Dieser Schrank zeigt jetzt, was in ihm steckt: Statt ihm einfach nur einen neuen Anstrich zu verpassen (wäre auch gegangen, aber ein bisschen langweilig gewesen) haben wir hier zusätzlich ein Schaufenster mit eingebaut. Das sieht komplizierter aus, als es ist. Warum? Weil man das nicht mit viel Aufwand selbst baut, sondern dafür einfach einen Holzkasten aus dem Baumarkt nimmt!

Aus einem alten Schrank, der bestenfalls noch im Keller stehen durfte, wurde ein außergewöhnliches Schmuckstück – und zwar auf sehr trickreiche Art und Weise!

Los geht es, wie bei allen alten Möbeln, die einen frischen Anstrich bekommen sollen, erst einmal damit, dass Sie den Schrank anschleifen und danach den Schleifstaub sorgfältig entfernen.

Halten Sie den Holzkasten vor den Schrank und überlegen Sie, auf welcher Höhe der Ausschnitt sitzen soll. Zeichnen Sie die gewählte Position auf. Danach hängen Sie die Schranktüren aus und sägen die Öffnung mithilfe der Stichsäge aus.

Ein bisschen kniffliger ist es, wenn der Schrank, wie es hier der Fall ist, eine Zwischenwand hat. In dem Fall müssen Sie den Holzkasten nämlich zusätzlich noch genau in der Mitte durchsägen. Hat der Schrank keine Zwischenwand und Sie wollen trotzdem die optische Trennung in dem Kasten haben? Dann müssen Sie hier noch Zwischenwände in den halbierten Kasten einsetzen, und zwar so, dass dessen Außenmaße sich dadurch nicht verändern (die Zwischenwand muss also zwischen die beiden Seitenwände gesetzt werden, nicht darauf!).

Befestigen Sie den Kasten beziehungsweise die Kastenteile mit Winkeln an der Rückwand oder der Zwischenwand.

Danach streichen Sie den Schrank. Besonders hübsch sieht es aus, wenn Sie für den Innenausschnitt eine andere Farbe wählen.

Tipp

Wenn Sie das „Schaufenster" noch stärker betonen wollen, dann bekleben Sie die Box mit Spiegelglas oder fixieren von hinten Milchglasscheiben mit Spiegelband in dem Ausschnitt.

- alten Schrank
- Holzkasten
- Acrylfarbe in zwei verschiedenen Farbtönen
- Winkel
- kleine Schrauben
- Schleifpapier mit Schleifblock
- Pinsel und/oder Lackierrolle
- Stichsäge
- Akkubohrer mit passenden Aufsätzen

Muster-gültig

Wenn ein alter Schrank plötzlich in neuem Streifendesign erblüht, dann ist das mehr als mustergültig, nämlich einfach genial. Sein Ursprungsdasein als langweiliges Massenmodell sieht ihm dank seiner Rundumerneuerung keiner mehr an. Für das Streifenmuster muss lediglich Stoff aufgeklebt werden, der Kranz erfordert ein kleines bisschen mehr Arbeit.

Zuerst schleifen Sie den Schrank ab, entfernen den Schleifstaub und lackieren alle später sichtbaren Teile in Weiß.

Schneiden Sie die Stoffrechtecke in passender Größe zu und kleben Sie diese mithilfe von doppelseitigem Klebeband auf. Der Stoff muss dabei unter leichter Spannung stehen, gleichzeitig darf sich das Muster aber nicht verziehen. Das würde nämlich, gerade bei Stoffen mit geometrischen Mustern, sofort auffallen. Kleben Sie den Stoff nicht vollflächig auf die Türen, sondern lassen Sie die Ränder frei.

Sägen Sie die dünnen Zierleisten auf Gehrung zu, lackieren Sie diese und nageln Sie sie mit dünnen Nägeln fest. Es empfiehlt sich, die Löcher dafür vorher vorzubohren, damit die Leisten beim Aufnageln nicht ausreißen.

Die Füße unten werden durch eine lackierte Sockelleiste versteckt. Oben setzen Sie einen Kranz auf, den Sie selbst bauen. Er besteht aus einer dreiseitigen Blende, zwei diagonalen Streben und einer aufgesetzten Deckelplatte. Alle Teile miteinander verschrauben und lackieren.

Die Sichtkanten verzieren Sie zum Schluss noch mit einem aufgestempelten Motiv, den Stempel machen Sie selbst: Kleben Sie dazu Moosgummi-Quadrate (die bilden das Muster) auf eine Trägerplatte aus Holz, bestreichen Sie die Moosgummimotive mit Acrylfarbe und stempeln Sie das Muster in gleichmäßigen Abständen ringsum auf.

- alten Schrank
- Holz
- gestreifter Stoff
- dünne Zierleisten
- Acryllack in Weiß und Rot
- doppelseitiges Klebeband
- dünne Nägel
- Schrauben
- Schleifpapier mit Schleifklotz
- Hammer
- Pinsel und Lackierrolle
- Gehrungslade mit Feinsäge
- Säge
- Bohrmaschine oder Akkubohrer mit passenden Aufsätzen

Zweite Chance

Manche Möbelstücke haben einfach eine zweite Chance verdient, auch wenn sie auf den ersten Blick eigentlich nicht mehr viel hermachen. Entscheidend ist in erster Linie die Form und die Qualität des Holzes. Die Farbe oder kleine Details lassen sich nämlich auch vom Nicht-Fachmann (oder der Nicht-Fachfrau) ändern. So war es auch hier der Fall. Der besondere Clou: die aufgeklebten Geschirrtücher!

Originelle Frischekur: Schleifen Sie zunächst das Holz des alten Vertikos an und entfernen Sie den Schleifstaub.

Danach lackieren Sie es. Damit das Weiß gut deckt, empfiehlt es sich, eine Lackschicht aufzutragen, trocknen zu lassen, einen Zwischenschliff durchzuführen und dann noch mal drüber zu lackieren.

Der besondere Hingucker sind hier die roten Akzente. Nehmen Sie für diese am besten einen Pinsel und achten Sie darauf, dass beim Anmalen nichts danebengeht.

Auf die Türfüllungen haben wir hier passend zugeschnittene Geschirrtücher geklebt. Die gibt es inzwischen in so vielen schönen Farben und Mustern, dass sie nur zum Abtrocknen eigentlich viel zu schade sind. Achten Sie darauf, nicht zu viel Klebstoff zu nehmen, damit dieser nicht aus Versehen durchschlägt.

Zum Schluss kleben Sie noch passend abgelängte und lackierte Holzleisten als Mittelstreben auf die Türfüllungen – fertig.

- altes Vertiko
- geblümte Geschirrtücher
- Leiste
- Acryllack in Weiß und Rot
- Holzleim
- Klebstoff
- Schleifpapier mit Schleifklotz
- Pinsel und/oder Lackierrolle
- Säge

Tipp

Die Türfüllungen können Sie auf viele verschiedene Arten und Weisen hervorheben. Statt wie hier Geschirrtücher zu verwenden, können Sie auch Tapetenreste, vergrößerte Lieblingsfotos oder ein schönes Poster aufkleben. Wenn die Türfüllungen zu stark beschädigt sind, dann nehmen Sie diese am besten ganz heraus und ersetzen sie durch Hasendraht oder kleine Gardinen.

Barocke Schönheit

Was zeichnet den Wohnstil von heute aus? Dass eigentlich alles erlaubt ist. Da darf üppig Barockes durchaus mal mit klaren Linien kombiniert werden – und wirkt trotz (oder vielleicht gerade wegen?!) des Stilmixes ausgesprochen harmonisch. Sie haben keinen barocken Stuhl zu Hause, der noch ansehnlich ist? Kein Problem: Suchen Sie auf Flohmärkten nach einem passenden Stück und polieren Sie dieses mit Lack und Samt wieder auf.

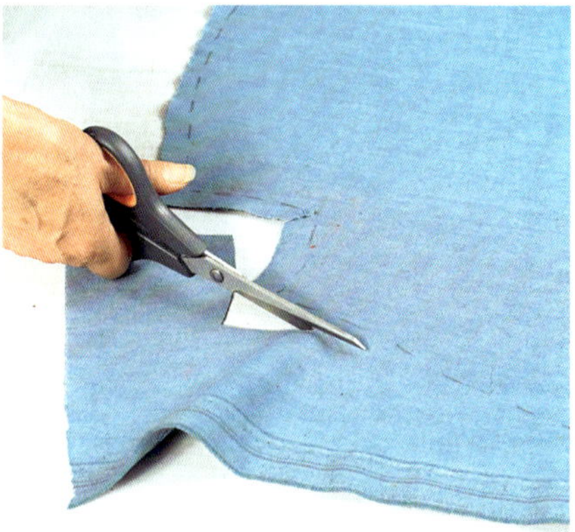

Nehmen Sie zuerst vorsichtig den alten Stoff ab, indem Sie die alten Polsternägel lösen. Dabei sollten Sie wirklich vorsichtig vorgehen, weil der alte Stoff als Schnittmuster für den neuen dient.

Danach schleifen Sie den Stuhl an, entfernen den Schleifstaub und streichen ihn neu. Damit die Farbe auch wirklich gut deckt, empfiehlt es sich, zwei Anstriche vorzunehmen. Dabei lassen Sie die Farbe nach dem ersten Mal trocknen, führen einen Zwischenschliff durch und lackieren dann noch mal drüber. Vergessen Sie dabei das Rückenlehnen-Geflecht nicht!

Legen Sie den alten Stoff als Schnittmuster auf die linke Stoffseite des neuen Stoffs und übertragen Sie die Umrisslinien. Je nach Stoffart (ist bei den meisten der Fall!) müssen Sie ringsum noch 1 cm mehr zum Umlegen der Kanten hinzugeben, damit diese nicht ausfransen.

Jetzt tackern Sie den neuen Bezug auf. Beginnen Sie dabei an den Seitenmitten und arbeiten Sie sich unter Spannung zu den Ecken vor. Das Tackern dient dabei nur dem ersten Fixieren. Sobald Sie nämlich die Polsternägel einschlagen, entfernen Sie davor jeweils die betreffende Tackernadel mit einem Schraubendreher. Achten Sie darauf, dass Sie die Polsternägel wirklich in einer schönen, geraden Linie einschlagen.

- alten Polsterstuhl
- neuen Bezugsstoff (hier Samt)
- Acrylfarbe
- Polsternägel
- Schleifpapier mit Schleifklotz
- Pinsel
- Schere
- Schraubendreher
- Hammer
- Tacker

Glanz-Stück

Mustertapeten mit Glanzeffekt sind wieder angesagt. Besonders schön wirken sie allerdings, wenn damit nicht ein ganzer Raum tapeziert wird, sondern nur hier und da besondere Akzente gesetzt werden. Das haben wir hier bei der Kommode gemacht. Und weil's so schön war, wird die gleiche Tapete hier noch wie ein Bild auf die Wand aufgeklebt. Besonders gut zur Geltung kommt die Mustertapete durch den dunklen Wandanstrich.

Zuerst müssen Sie die alte Kommode vorbereiten, sprich: Die Beschläge abschrauben, den alten Lack abschleifen, den Schleifstaub entfernen und nach Bedarf eine neue Deckplatte aus Vollholz aufleimen und zusätzlich festschrauben.

Danach grundieren Sie das Stück zuerst mit grauem Acryllack und streichen es anschließend. Nach dem Trocknen tragen Sie für den Antik-Effekt etwas braunen Acryllack mit dem Pinsel auf und verwischen diesen sofort mithilfe des Schwamms. Wer will, der arbeitet zusätzlich noch Schleifspuren mit einer Drahtbürste oder Schmirgelpapier ein und setzt noch mal mit Braun Akzente.

Tipp

Besonders wirkungsvoll in Szene gesetzt wirkt die Kommode hier durch das aufgeklebte „Tapetenbild". Schauen Sie sich ruhig mal im Fachhandel um, es gibt da nämlich zahlreiche Tapeten, die schöner sind als jeder gekaufte Druck!

Die Hauptrolle spielt hier, ganz klar, die auffällige Mustertapete, die von dem Kontrast zwischen der glänzenden Oberfläche und dem samtartigen Velourmuster lebt. Schneiden Sie diese passend zu und kleben Sie sie mit dem angesetzten Tapetenkleister auf. Nach dem Trocknen müssen Sie dann nur die Beschläge wieder aufschrauben.

- alte Kommode
- ggf. Vollholzplatte (als Deckplatte, falls die alte Deckplatte fehlt oder beschädigt ist)
- Mustertapete mit Glanzeffekt
- Acryllack in Grau und Braun
- ggf. Holzleim
- Schrauben
- Schleifpapier mit Schleifklotz
- Pinsel und Lackrolle
- Schwamm
- ggf. Drahtbürste
- Tapetenkleister
- Tapezierwerkzeug
- Akkubohrer mit passenden Aufsätzen

SEASONS
JAARGANG 7 • NUMMER 1
SEASONS
JAARGANG 7 • NUMMER 4
SEASONS
SEASONS
SEASONS

1 Stuhl, 4 Looks

Zumeist werden alte Stühle einfarbig gestrichen, wenn sie nicht mehr gefallen. Das ist schade, wenn man überlegt, welche anderen Möglichkeiten es noch gibt: Sie können einem Stuhl nämlich auch eine Husse verpassen, ihn quietschbunt anmalen und mit Wachstuch beziehen oder ihn mit Geschenkpapier bekleben – jeder alte Stuhl kann zum wunderbaren Unikat werden.

- alten Stuhl
- Stoff mit großem Blumenmuster
- Acryllack
- Pinsel
- Schleifpapier mit Schleifklotz
- Seidenpapier (für das Schnittmuster)
- Kopierpapier (um das Schnittmuster auf den Stoff zu übertragen)
- Näh-Utensilien

Mit Blumen-Husse

Vorher ein unansehnlich gewordenes Stück vom Flohmarkt – jetzt ein auffälliges Stück, das sich gut im Flur oder am Esstisch macht. Wichtig ist, dass Sie einen schönen Stoff mit einem auffälligen, plakativen Muster finden.

Zuerst schleifen Sie die Holzteile des Stuhles an, entfernen den Schleifstaub und lackieren ihn anschließend in einer zu der Stoffhusse passenden Farbe. Damit die Farbe gut deckt, müssen Sie vielleicht zwei Lackschichten auftragen und dazwischen einen sogenannten Zwischenschliff machen.

Für die Husse selbst müssen Sie den Stuhl ausmessen und mithilfe der nebenstehenden Skizze ein Seidenpapier-Schnittmuster erstellen. Bitte beachten Sie dabei, dass Sie auf allen Seiten ungefähr 2 cm Mehrweite hinzugeben müssen, damit Sie die Husse später auch problemlos über den Stuhl ziehen können. Die Länge der Husse wählen Sie ganz nach Geschmack.

Übertragen Sie den Papierschnitt mithilfe des Kopierpapiers auf die linke Stoffseite. Geben Sie dabei an allen Kanten jeweils 1 cm Nahtzugabe hinzu, an den Saumkanten sogar 2 cm. Schneiden Sie die Teile aus und nähen Sie sie wie auf der Skizze gezeigt zusammen. Die Unterkante bekommt dabei einen 1 cm breiten Doppelsaum.

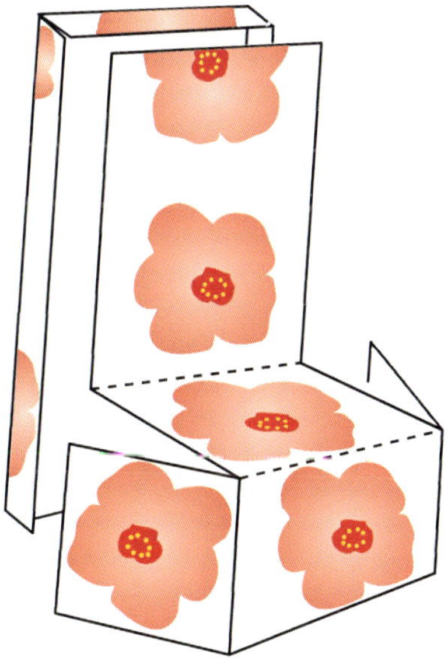

Knallbunt

Mit der abwischbaren Sitzfläche ist dieser Stuhl perfekt für kleinere Kinder geeignet – oder für alle, die ein bisschen schusselig sind.

Zuerst schleifen Sie den Stuhl wie auf der vorhergehenden Seite beschrieben an und lackieren ihn in verschiedenen Farben.

Für das Sitzkissen schneiden Sie den Schaumstoff passend zu der Sitzflächenform zu und nähen aus dem Wachstuch einen entsprechenden Bezug.

- alten Stuhl
- Schaumstoff, 5 cm stark
- Wachstuch
- Acryllack in verschiedenen Farben
- Pinsel
- Schleifpapier mit Schleifklotz
- Näh-Utensilien

Tipp

Das Wachstuch, wie man es heute in Stoffgeschäften findet, hat nichts mehr mit den altmodischen Wachstuch-Tischdecken zu tun, die unsere Großeltern früher auf dem Küchentisch liegen hatten, sondern kommt inzwischen farbenfroh und mit den unterschiedlichsten Mustern daher.

Dekorativ verpackt

Schleifen Sie den Stuhl zunächst wie gehabt an.

Danach kleben Sie etappenweise das passend zurechtgeschnittene Geschenkpapier auf, und zwar mit Tapetenkleister für schwere Tapeten.

Lassen Sie das Ganze trocknen und lackieren Sie den Stuhl zum Schutz anschließend noch mit Klarlack, das macht ihn robuster.

- alten Stuhl
- Geschenkpapier
- Spezial-Kleber für schwere Tapeten (aus dem Baumarkt)
- Klarlack
- Pinsel
- Schleifpapier mit Schleifklotz

Verschnörkelt

Auch für diese Variante wird der Stuhl wie beschrieben angeschliffen und mit einem Zwischenschliff lackiert.

Nach dem Trocknen malen Sie hier dann noch frei Hand stilisierte Blumenranken in Schwarz auf. Dafür nehmen Sie am besten einen dünnen Pinsel.

- alten Stuhl
- Acryllack in Blau und Schwarz
- Schleifpapier mit Schleifklotz
- verschiedene Pinsel

Tierisch gut

Kinder werden tatsächlich unglaublich schnell groß. Und in jeder Entwicklungsphase ändert sich der Geschmack. Was heute noch angesagt war, ist morgen schon wieder out. Deshalb lohnt es sich nicht, ständig für teures Geld neue Möbel zu kaufen. Möbeln Sie stattdessen lieber alte Stücke so auf, dass sie Ihre Kinder begeistern – zumindest für eine gewisse Zeit. Dieser „Schweinestall" gefällt vor allen Dingen älteren Kindergarten- oder jüngeren Schulkindern.

- alten Schrank
- Holzplatten (für die Schweine und die Schublade)
- Rundholz, ø 2 cm (für die Augen)
- Leder (für die Ohren)
- Acrylfarbe in Grün, Rosa, Hellblau, Dunkelrot, Schwarz und Weiß
- Holzlatten (für den Zaun)
- Moosgummi in Blau (für die Scharniere)
- Holzdübel (als Kleiderhaken)
- ggf. 4 kleine Möbelrollen
- Holzleim
- Reißnägel
- Schrauben
- großen Papierbogen (um die Vorlagen mit der Rastermethode zu übertragen)
- sehr scharfe Schere (sie muss Leder schneiden können)
- Schleifpapier mit Schleifklotz
- dünnen Pinsel und Lackierrolle
- Bohrmaschine oder Akkubohrer mit passenden Aufsätzen
- Stichsäge

Damit die Farbe gut hält, müssen Sie den alten Schrank zuerst anschleifen und den Schleifstaub gründlich entfernen. Danach geht es ans Lackieren. Dabei empfiehlt es sich, einen Farbauftrag zu machen, nach dem Trocknen einen Zwischenschliff durchzuführen und dann einen erneuten Farbauftrag zu machen.

Für den Zaun sägen Sie die Latten wie abgebildet zu und schrauben sie zusammen. Schrauben Sie den Zaun jetzt aber noch nicht an den Schrank! Die „Scharniere" bestehen aus blauem Moosgummi. Schneiden Sie dieses in der gezeigten Form aus und schrauben Sie es ebenfalls an.

Dann sägen Sie die Köpfe, Pfoten und Schnauze nach Vorlage (siehe Seite 141) aus. Ein Kästchen in dem Raster entspricht dabei 2 cm x 2 cm. Wie das geht? Ganz einfach: Zeichnen Sie in diesem Maß ein Raster auf einen großen Papierbogen. Mit Bleistift markieren Sie dort die Punkte, an denen sich die Umrisslinien der Vorlage mit den Rasterlinien schneiden. Dann verbinden Sie die Punkte miteinander – das erinnert ein bisschen an das Spiel „Malen nach Zahlen", erinnern Sie sich daran? Schneiden Sie die so entstandene Vorlage aus, legen Sie sie auf das Holz und umfahren Sie die Umrisslinien mit Bleistift. Mit der Stichsäge sägen Sie die Teile jetzt in der gewünschten Anzahl aus.

Leimen Sie die Schnauzen auf und lackieren Sie anschließend die Köpfe und Schnauzen. Die Klauen werden hellblau abgesetzt. Die Wangen, die Nasenlöcher und den Mund malen Sie nach dem Trocknen mit einem Pinsel auf.

Die Augen sind ein bisschen kniffliger. Sägen Sie dafür von dem Rundholzstab etwa 8 mm starke Scheiben ab, malen Sie die Augen auf und kleben Sie diese anschließend in die Gesichter der Schweinchen. Die weißen Lichtreflexe sorgen dafür, dass die Augen besonders lebendig aussehen. Die Ohren schneiden Sie nach Vorlage aus dem Leder aus und befestigen sie mit Reißnägeln von hinten an den Köpfen. Dazu markieren Sie die Faltenwürfe auf der Rückseite (das ist die raue Seite) des Leders und legen beim Fixieren die Außenstriche auf die Innenstriche. Die glatte Lederseite muss nach dem Befestigen nach außen zeigen.

Leimen Sie hinter jeden Kopf ein Reststück der Latte, das als Abstandshalter dient.

Schrauben Sie die Köpfe und den Zaun von innen gegen die Schranktüren, die Pfoten werden mit Holzleim von vorne aufgeklebt.

Die neue Schublade unten leimen und schrauben Sie aus passend zurechtgesägten Holzplatten zusammen. Sie wird einfach zwischen die Schrankbeine geschoben und in ihr finden jetzt Kuscheltiere oder Socken ein neues Zuhause. Achten Sie darauf, das Holz sorgfältig zu glätten und eventuell noch zu lackieren oder zu wachsen, damit sich niemand aus Versehen Holzsplitter zuzieht. Wer mag, versieht die Schublade unten noch mit vier kleinen Möbelrollen, damit sie besonders leicht läuft. In dem Fall müssen Sie aber daran denken, die Höhe der Möbelrollen bei Ihren Berechnungen mit einzubeziehen.

Musikschule
Mit. 15⁰⁰
(Noten mitbringen)
Fußball:
Fr. 14.30 Uhr
Hausaufgaben:
Mathe
Deutsch
Sachkunde
Reli

Nicht vergessen!

Was macht Kindern am meisten Spaß? Malen und kritzeln – und zwar mit Vorliebe auf der frisch gestrichenen Wand oder sogar auf dem Schrank. Das macht jetzt nichts mehr, denn wir haben hier die Schränke mit Tafellack gestrichen. Die vertragen jetzt ganz viele Strichmännchen und wichtige Notizen – sofern mit Kreide geschrieben wird!

Zuerst geht es der Beschichtung der alten Schränke an den Kragen: Damit der Lack später gut hält, müssen Sie diese nämlich mit Schleifpapier gründlich aufrauen und den Schleifstaub entfernen. Dann grundieren Sie die Schränke.

Die Seitenwände bekommen einen farbigen Anstrich, die Türen werden jeweils mehrmals mit schwarzem Schultafellack gestrichen.

Montieren Sie eine Kleiderstange zwischen den beiden Schränken. Oben drauf schrauben Sie ein Holzbrett. Das sorgt für zusätzliche Ablagefläche.

Zum Schluss schrauben Sie schmale Zierleisten um die Kanten der Schranktüren. Wir haben sie hier mithilfe der Gehrungslade an den Ecken auf Gehrung zugeschnitten. Wenn Ihnen das zu kompliziert ist, können Sie sie auch einfach aneinander stoßen lassen.

- 2 alte, schmale Schränke
- schmale Zierleisten
- Holzbrett
- Kleiderstange
- Acryllack
- Schultafellack in Schwarz
- Schrauben
- Schleifpapier mit Schleifklotz
- Pinsel und Lackierrolle
- Feinsäge mit Gehrungslade
- Akkubohrer mit passenden Aufsätzen

Tipp

Wer nur kleine Flächen oder eine ganz normale Türe mit einer Tafel versehen will, für den eignet sich auch selbstklebende Tafelfolie, die Sie später sogar wieder abziehen können!

Recycling einmal anders

Gab's Tomatensauce oder Bohneneintopf? Dann schmeißen Sie die Dosen nicht einfach weg, sondern basteln Sie witzige Wohnraumaccessoires daraus. Wichtig ist, dass Sie zum Öffnen der Dosen einen scharfen Dosenöffner nehmen. Die überstehenden Kanten werden mit einer Flachzange angedrückt und die Schnittkanten danach mit Schleifpapier geglättet, dass Sie dafür um einen Rundholzstab wickeln. Das Etikett entfernen Sie mit viel warmem Wasser, die Klebstoffreste mit Waschbenzin. Dann lackieren Sie die Dosen in den gewünschten Farben. Für das Utensilo schrauben Sie die Dosen mit Spaxschrauben auf ein bunt lackiertes Leimholzbrett. Für die Lampen bohrt man jeweils ein Loch in den Dosenboden und führt dort eine fertig gekaufte Lampenfassung aus dem Baumarkt ein.

Für Klebe-Künstler

Servietten sind in der Küche nicht nur dafür da, um sich den Mund abzuwischen, sondern können auch dazu verwendet werden, um damit kleinere und größere Möbelstücke aufzupeppen. Dieses alte Bord hier haben wir mithilfe der Serviettentechnik (siehe auch Seite 50/51) einen neuen Look verliehen. Damit das Ganze auch an den Kanten eine saubere Angelegenheit wird, sollten Sie darauf achten, dass die Kanten umgeschlagen und an den Rundungen mehrmals eingeschnitten werden. Zum Schluss haben wir neue Porzellanknöpfe angeschraubt, an die jetzt Küchenhandtücher oder auch die Lieblingstasse gehängt werden können.

Aufgetischt

Wer so einen schönen Tisch hat, der braucht in Zukunft keine Tischdecke mehr. Wie das geht? Grundieren Sie den Tisch zuerst in Weiß, danach folgt die Lasur mit verdünnter, hellblauer Acrylfarbe. Für das Muster machen Sie sich eine Schablone und tupfen diese mit Weiß aus. Klarlack zum Schluss sorgt dafür, dass die „Tischdeko“ auch lange schön bleibt. Die Vorlage für die Schablone finden Sie auf Seite 143.

Die Krönung

Hier wird ein ganz normales Bett mit einem selbst gebauten Betthaupt gekrönt – und sieht so gar nicht mehr aus wie „von der Stange". Alles, was Sie dafür brauchen, ist eine große Sperrholzplatte, die hinter dem Bett an die Wand gelehnt wird, und Reste von verschiedenen Mustertapeten. Alles, worauf Sie beim Zuschneiden der Tapetenquadrate achten müssen ist, dass die Randstücke an den Rändern jeweils 10 cm breiter zugeschnitten werden sollten, damit sie um den Rand der Sperrholzplatte gelegt werden können. Die Tapetenstücke kleben Sie einfach mit Tapetenkleister Stoß an Stoß auf die Platte.

Frisch gestreift

Die wahrscheinlich schnellste Art und Weise, einem alten Möbelstück ein neues Aussehen zu verleihen, ist ein bunter Anstrich. Dieses kleine Wandregal wirkt dank der blau-weißen Streifen nordisch-frisch. Um schön gleichmäßige Streifen zu bekommen, lackieren Sie es am besten zuerst in Weiß, lassen den Lack trocknen und kleben dann Malerkreppband in gleichmäßigen Abständen auf. Jetzt müssen nur noch die Zwischenräume hellblau angemalt werden. Zum Schluss ziehen Sie das Klebeband einfach wieder ab.

Es ist nicht alles Gold, was glänzt ...

... zumindest hier nicht. Was Alchemisten früher nicht gelungen ist, dass schaffen Sie hier mit einer Sprühdose im Handumdrehen, nämlich Steine in Gold zu verwandeln. Dafür sprühen Sie einfach Pflastersteine mit goldfarbenem Sprühlack an, lassen diesen trocknen und sprühen dann noch ein zweites Mal. Damit die Bücher richtig Halt bekommen, sollten Sie auf alle Fälle schwere Steine nehmen.

Schiff ahoi!

Angehende Matrosen freuen sich über einen Leuchtturm-Schrank. Dafür lackieren Sie einen alten Schrank in Weiß. Nach dem Trocknen kleben Sie Streifen mit Malerkreppklebeband ab und malen die blauen Streifen auf. Die Fenster und Türen werden ebenfalls aufgemalt, die Turmspitze basteln Sie aus einer Waschmitteltrommel.

Kurz, aber oho!

Müssen Hussen immer lang sein? Nein! Der Stuhl, den Sie von Seite 65 schon kennen, hat hier einen Anstrich in Silbergrau bekommen und eine kurze Husse, die fast wie ein Sitzkissen aussieht. Wie die genäht wird? Indem Sie bei dem verwendeten Seidensatinstoff an allen Seiten 10 cm zugeben. Die Ecken für die Lehne schneiden Sie entsprechend ein, an den vorderen Ecken wird der Stoff passend abgenäht. Zum Schluss bekommt die Husse ringsum noch einen kleinen Saum.

Schnell & praktisch

Die vielleicht schnellste Art und Weise, ein altes Sofa wieder in neuem Glanz erstrahlen zu lassen: ein selbst genähter oder auch gekaufter Überwurf. Farblich abgestimmt auf die blauen Streifen des Überwurfs sind hier die selbst genähten Kissenhüllen, auf die Sie mit Stoff- oder Acrylfarbe Wörter oder Motive aufschablonieren. Praktisch: Sowohl den Überwurf wie auch die Kissenhüllen können Sie in der Maschine waschen.

Ganz schön maritim

Hier wurde eine alte Kommode in Weiß, Smaragdgrün und Himmelblau gestrichen. Damit die Farben richtig schön leuchten, haben wir das Möbelstück vorher weiß grundiert. So weit, so gut. Der Clou sind hier aber die maritimen Dekoartikel – wie der Seestern, der Anker, das Boot usw. – die wir nach dem Lackieren mit Heißkleber aufgeklebt haben. Die machen die Kommode garantiert einzigartig. Schauen Sie sich einfach mal in einem Bastel- oder Dekogeschäft in Ihrer Nähe um, dort finden sich bestimmt tolle Dekoartikel, die sich für solch eine Frischekur eignen.

Ganz schön edel

So wird ein alter Schrank zu einem wahren Schmuckstück: Lasieren Sie ihn in Weiß und kleben Sie danach goldfarben lackierte Stuck-Rosetten auf. Die Rosetten gibt es mit unterschiedlichen Mustern und in vielen verschiedenen Größen im Baumarkt.

Mit Herz

Dieses herzige Nachtschränkchen war mal alt – und ist jetzt schön! Aus der Tür des Nachtschränkchens wurde ein Herz ausgesägt. Und das Karomuster auf der Deckplatte und der Schubladenfront? Das wird nicht mühsam Linie für Linie mit dem Pinsel aufgemalt, sondern indem Sie eine Schaumstoffwalze mit dem Cutter so bearbeiten, dass nur schmale Stege stehen bleiben. Mit dieser Walze rollen Sie die unterschiedlichen Farben dann kreuz und quer auf.

Aus dem Supermarkt

Genau, Sie haben richtig gelesen, die Einrichtung hier stammt aus dem Supermarkt, zumindest teilweise! Die Sitzgelegenheit sowie das kleine Tischchen bestehen nämlich aus alten Holzpaletten aus dem Supermarkt, die lediglich abgeschliffen und neu lackiert werden müssen – und sich jetzt flexibel arrangieren lassen. Wer will da noch ins Möbelhaus gehen?

Für kleine Prinzessinnen

Eine tolle Möglichkeit, ein ganz normales Kinderbett in einen wahren Prinzessinnen-Traum zu verwandeln: Für den Baldachin säumen Sie einfach eine Stoffbahn in der gewünschten Länge. Für die Aufhängung nähen Sie zwei Tunnel ein und schieben jeweils einen Holzstab ein. An diesen Holzstäben wird der Baldachin mittels Seilen aufgehängt.

Vom Kleiderschrank zum Liebhaberstück

Wer sagt, dass ein Kleiderschrank immer ein Kleiderschrank bleiben muss? Keiner! Witzig ist hier vor allem das in die Türen eingesägte Guckloch, hinter das Maschendraht getackert wurde. Außen umrahmen Sie das Fenster mit Zierleisten. Dann fehlen nur noch ein neuer Anstrich und die aufschablonierten Buchstaben, fertig!

Aufgemöbelt

Vorher ein alter Schrank, den keiner mehr sehen konnte – jetzt ein raffiniertes Stück mit interessantem Lochmuster. Dazu nehmen Sie entweder die alte Füllung der Schranktüren heraus oder schlagen vorsichtig das Glas weg und ersetzen das durch Sperrholz. Die Schranktüren wie gewünscht lackieren und nach dem Trocknen das vorher frei Hand leicht aufgezeichnete Lochmuster einbohren. Achten Sie dabei darauf, dass die Abstände zwischen den Bohrlöchern möglichst regelmäßig werden.

CLOSED

Endlich toll in Szene gesetzt

Einfache Regale, Schränke, Kommoden oder Betten gibt's in allen Möbel-Mitnahmehäusern günstig zu kaufen. Und das sieht man den Sachen meistens auch an: Sie sind funktional und praktisch, aber selten attraktive Einrichtungsstücke. Warum hier nicht selbst ein bisschen Hand anlegen – und die „Bausteine" mit ein bisschen Fantasie und kreativem Geschick im Handumdrehen in tolle, individuelle Einzelstücke verwandeln? So können einfache Regal-Kuben zu einer grazilen Konsole werden, gewöhnliche Regale zum raffinierten Raumteiler, der beidseitig genutzt werden kann, und Holzkästen verwandeln sich in einen praktischen Rollcontainer oder ein außergewöhnliches Wandregal. Sie müssen kein großer Heimwerker sein, um selbst tolle Möbel entwerfen zu können, sondern sich nur das zunutze machen, was es sowieso schon gibt. Los geht's!

PURE STYLE

Vom Regal zum Schrank

Für einen dekorativen, etwas ungewöhnlichen Schrank muss man meistens etwas tiefer in die Taschen greifen. Einfache Regale aus dem Baumarkt sind dagegen für wenig Geld zu haben. Mit ein bisschen Zeit und etwas handwerklichem Geschickt verwandeln Sie diese ganz einfach selbst in einen außergewöhnlichen Schrank, der sich durch liebevolle Details auszeichnet.

Vom Kellerkind zum strahlenden Star im Wohnzimmer! Die einfachen Holzregale, die eigentlich für den Keller gedacht sind, finden Sie im Baumarkt. Dort gibt es auch die Spanplatten, die Sie für die Füllungen brauchen und die Sie sich dort am besten gleich auf die richtigen Maße zusägen lassen. Sie brauchen für jedes Schrankfach eine Tür, zwei Seitenteile und eine Rückseite. Orientiert werden muss sich dabei am Innenmaß.

Dann bohren Sie nach Vorlage (siehe Seite 142) das Blumen-Punktemuster in die Schranktüren. Dazu vergrößern Sie die Vorlage mit dem Kopierer auf die passende Größe. Anschließend übertragen Sie die Kreismittelpunkte auf die Türen, zum Beispiel mithilfe eines Nagels.

Wenn alle Türen fertig sind, entfernen Sie den Holzstaub und lackieren sowohl die Regale wie auch alle Holzteile in Weiß. Gut deckend wird der Farbauftrag, wenn Sie eine erste Lackschicht auftragen, diese trocknen lassen, einen Zwischenschliff durchführen und dann noch mal drüber lackieren.

Dann leimen Sie die Rückseite und die beiden Seitenteile ein, und zwar zwischen die Stollen. Die Türen fixieren Sie mithilfe von Klavierband und bringen zum Schluss noch die Hakenverschlüsse an.

- 2 einfache Holzregale
- Spanplatte, 18 mm stark (für jedes Schrankfach brauchen Sie 1 Türe, 2 Seitenteile und 1 Rückseite)
- Hakenverschlüsse
- Acryllack in Weiß
- Klavierband
- Holzleim
- Schleifpapier mit Schleifklotz
- Pinsel und/oder Lackierrolle
- Bohrmaschine oder Akkubohrer mit passenden Aufsätzen

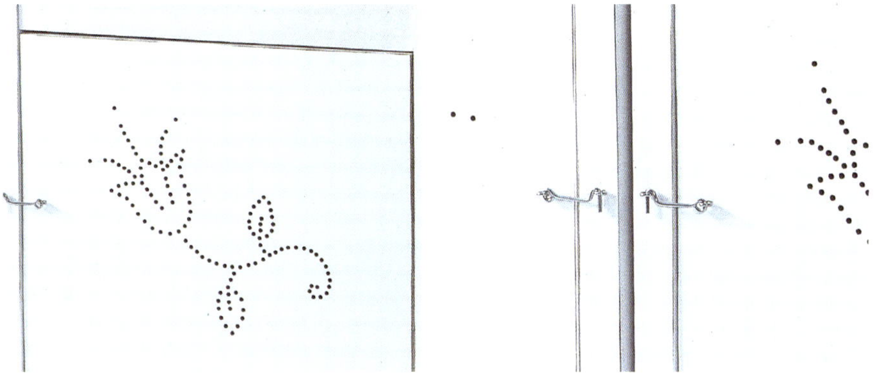

Tipp

Das Blumenmotiv sagt Ihnen nicht zu? Dann entwerfen Sie einfach ein anderes. Wichtig ist nur, dass der Abstand zwischen den Löchern immer schön regelmäßig sein muss.

Sammel-Leidenschaft

Fundstücke vom letzten Urlaub am Meer oder von einem schönen Waldspaziergang oder auch tolles Besteck – das sind alles Dinge, die zum Verstecken eigentlich viel zu schade sind. In einem Regal kommen sie aber nicht so richtig zur Geltung und setzen höchstens Staub an. Nicht so in dem Tisch mit Aufsatz-Vitrine. Dort begeistern sie jeden Tag aufs Neue.

Um Arbeit und Zeit zu sparen, lassen Sie sich die Holzleisten für den Aufsatz im Baumarkt zusägen. Die Leistenbreite und -höhe richtet sich zum einen nach der Größe der Tischplatte, zum anderen aber auch nach den Objekten, die im Tisch präsentiert werden sollen. Man braucht für den Aufsatz einen äußeren, größeren und einen kleineren, inneren Rahmen. Achtung, der innere Rahmen muss um die Glasplattenstärke niedriger sein, damit es später eine ebene Fläche gibt. Die Rahmenecken treffen hier stumpf aufeinander.

Den äußeren Rahmen zusammenleimen und zusätzlich verschrauben. Danach kleben Sie die Leisten für den inneren Rahmen von innen her mit Holzleim auf.

Um den Rahmen auf den Tisch aufsetzen zu können, bohren Sie auf jeder Seite unten in den Rahmen und oben in die Tischplatte je zwei Löcher in Dübelgröße. Markieren Sie dabei die Position der Dübel auf der Tischplatte (zum Beispiel mithilfe von Markierspitzen). Danach kleben Sie die Holzdübel mit Holzleim in den Rahmen.

Zum Schluss müssen Sie den Aufsatzrahmen nur noch lackieren, trocknen lassen und vorsichtig auf den Tisch stecken. Wenn Sie Ihre Sammel- oder Fundstücke eingelegt haben, legen Sie vorsichtig die Glasplatte auf.

- einfachen Tisch
- Holzleisten
- Glasplatte
- Acryllack in Weiß
- Schrauben
- Holzleim
- Holzdübel
- ggf. Markierspitzen
- Pinsel oder Lackierrolle
- Bohrmaschine oder Akkubohrer mit passenden Bohraufsätzen

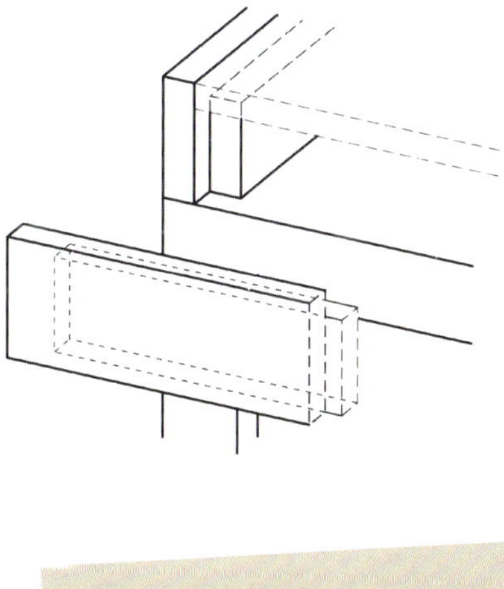

Tipp

So ein Vitrinentisch ist auch perfekt geeignet, um darin Dekorationen passend zur Jahreszeit zu präsentieren. Das nimmt keinen Platz auf den Tisch weg und sieht richtig gut aus!

Individuelle Kubenkonsole

Regalkuben sind vor allen Dingen eines: nämlich praktisch. Wenn Sie aber ein bisschen Zeit investieren und geschickt sind, dann können Sie sie auch ganz anders in Szene setzen und sie so in eine grazile Konsole umfunktionieren, die zu einem ganz besonderen Blickfang im Wohnzimmer wird. Möglich machen's untergeschraubte Möbelfüße, die es in verschiedenen Varianten zu kaufen gibt.

Steichen Sie die Möbelfüße locker mit dem Acryllack. Schön antik wirkt es, wenn die ursprüngliche Holzfarbe noch ein wenig durchblitzt. Auch die Zierleisten auf diese Art und Weise lasieren.

Legen Sie die Position der Füße fest und zeichnen Sie diese auf der unteren Platte vor. Markieren Sie jeweils die Mitte. Bei den Füßen, die hier oben quadratisch sind, geht das, indem man den Kreuzungspunkt der Diagonalen bestimmt. Bohren Sie die untere Platte an den betreffenden Stellen von oben her vor, und zwar mit einem Bohrer, dessen Durchmesser dem Schraubendurchmesser entsprechen muss. Auch für die Befestigung der Regalkuben müssen die Platten vorgebohrt werden, und zwar jeweils an vier Stellen und von unten her. Wenn Sie genau hinsehen, dann erkennen Sie, dass hier für diese Konsole drei Regalkuben verarbeitet wurden, und zwar einer in der Mitte und zwei an den Rändern. Die beiden Fächer dazwischen sind etwas größer. Die Länge der Bretter passen Sie dabei an Ihre Gegebenheiten zu Hause an.

Schrägen Sie die Bohrlöcher für die Füße mit einem Senkkopfbohrer an, damit die Schrauben später ganz im Holz verschwinden und die Regalwürfel bündig aufgesetzt werden können.

Jetzt von oben her die Möbelfüße an die untere Platte schrauben und dann die Würfel von unten her aufschrauben.

Um die offenen Kanten der Spanplatten zu verdecken, nageln Sie die lasierten Zierleisten, deren Breite der Plattenstärke entsprechen muss, an.

Zum Schluss verschrauben Sie von unten her die Deckplatte mit den Würfeln.

Tipp

Die Anzahl und die Anordnung der Regalkuben können Sie natürlich ganz individuell anpassen. Und wenn Sie es etwas moderner mögen, dann lassen Sie einfach die gedrechselten Möbelfüße weg und hängen das Ganze frei schwebend an die Wand.

- 3 Regalwürfel in Weiß, 33 cm x 33 cm x 33 cm
- 2 laminierte Spanplatten, 19 mm stark, 33 cm breit, Länge nach Belieben
- gedrechselte Möbelfüße
- Zierleisten in passender Breite
- Acryllack in Weiß
- Schrauben
- kleine Nägel
- Bohrmaschine oder Akkubohrer mit passenden Aufsätzen (insbesondere Senkkopfbohrer)
- Hammer
- Pinsel

Originelle Randlösung

Eine inspirierende Lösung für Leseratten: Hier werden simple Bücherregale mit Papp-Bordüren aus dem Baumarkt aufgepeppt – schon wird daraus ein dekoratives Möbelstück fürs Wohnzimmer, in dem Klassiker, Romane, Reiseführer, CDs und mehr Platz finden. Das lädt zum Stöbern und zu gemütlichen Lesestunden auf dem Sofa ein.

Die Regale aufbauen, miteinander verschrauben und zur Sicherheit zusätzlich an der Wand befestigen.

Jetzt geht es zuerst an die senkrechten Verzierungen: Dazu sägen Sie die einfachen Leisten in der passenden Länge ab, ebenso jeweils drei Halbrundstäbe. Leimen Sie die Halbrundstäbe auf die Leisten und sichern Sie sie zusätzlich mit kleinen Nagelstiften. Lackieren Sie die Teile und leimen Sie sie senkrecht auf die Regale – das lässt den Korpus breiter wirken. Die Sockelleisten werden ebenso lackiert und montiert.

Für die Krone sprühen Sie die verschnörkelten Papp-Ornamente mit Sprühlack ein, kleben diese mit Sprühkleber auf die entsprechende Leiste und fixieren sie mit Winkeln oben am Regal.

- 3 Bücherregale in Weiß
- verschiedene Holz-Rechteckleisten (für die Krone, die Sockelleisten und die senkrechten Verzierungen)
- Papp-Ornamente
- Halbrundstäbe
- Acryllack in Weiß
- Sprühlack
- Nagelstifte
- Winkel
- Leim
- Sprühkleber
- Pinsel
- Säge

Tipp

Verwenden Sie für die Papp-Ornamente bitte wirklich Sprühlack! Beim Lackieren mit dem Pinsel besteht die Gefahr, dass die Pappe aufweicht!

Einfach wandelbar

Eine Kommode ist eine Kommode und bleibt auch immer eine?! Ja und nein. Hier haben wir eine einfache Kommode genommen und auf drei unterschiedliche Arten in Szene gesetzt: mal modern-rustikal, mal romantisch-nostalgisch und mal klar strukturiert. Kaum zu glauben, wie wandelbar so ein Stück ist.

Modern-rustikal

Die sägerauen Holzbohlen mit Schrauben an der Wand fixieren. Dabei müssen die Bohlen oben nicht auf einer Höhe abschließen. Ganz im Gegenteil, es sieht besser aus, wenn das nicht der Fall ist. Außerdem sollten die Bohlen nicht dicht an dicht sitzen, sondern der Wandanstrich darf ruhig durchblitzen.

Statt der Metallgriffe passend abgelängte Aststücke als Griffe anbringen. Diese müssen Sie wahrscheinlich ebenfalls anschrauben. Achten Sie darauf, dass die Schrauben einerseits weit genug in den Ast ragen, dass Sie die Schubladen auch problemlos aufziehen können, gleichzeitig aber nicht zu dick sein dürfen, damit sie den Ast nicht aus Versehen spalten.

Die Kommode vor die Holzbohlen stellen und die Regalborde in gleichmäßigen Abständen darüber befestigen.

- Kommode in Weiß
- 3 Regalborde in Weiß inkl. Wandbefestigung
- sägeraue Holzbohlen mit Rinde
- Aststücke
- Schrauben und Wanddübel
- Bohrmaschine oder Akkubohrer mit passenden Aufsätzen
- Säge

Tipp

Zu dem modern-rustikalen Charme dieser Lösung passen die Pinnwand aus einem unfunktionierten Bambus-Tischläufer sowie diverse Fundstücke aus dem Wald, die hier als Deko-Gegenstände dienen. Ein Spaziergang kann sich also durchaus lohnen – nicht nur der frischen Luft wegen!

Romantisch-nostalgisch

Die gleiche Kommode, die jetzt aber ganz romantisch daher kommt und bestens fürs Schlafzimmer geeignet ist.

Die Griffe der Kommode gegen die Griffe mit Porzellaneinlage austauschen.

Dann tapezieren Sie die Wand hinter der Kommode mit der Tapete. Dabei müssen Sie darauf achten, dass der Tapentenkleister auf die Tapete abgestimmt wird.

Die Wandregale befestigen Sie in Form eines Aufsatzregals an der Wand. Dabei ist Genauigkeit gefragt, vielleicht hilft es hier, wenn die Kommode dazu bereits an die Wand gerückt wurde.

Besonders romantisch wird das Ganze, wenn Sie an den Ecken noch verschnörkelte Holzwinkel anleimen. Die finden Sie zum Beispiel im Baumarkt oder im Internet. Sollten Sie diese nicht in der gewünschten Farbe bekommen, dann können sie problemlos gestrichen werden.

- Kommode in Weiß
- 4 Regalborde in Weiß inkl. Wandbefestigung
- 2 verspielte Holzwinkel
- Tapetenreste
- halbrunde Griffe mit Porzellaneinsätzen
- Holzleim o. Ä. (für die Befestigung der Holzwinkel)
- Tapetenkleister
- Tapezierwerkzeuge
- Bohrmaschine oder Akkubohrer mit passenden Aufsätzen

Tipp

Wenn Sie wollen, können Sie bei der romantisch-nostalgischen Kommode auch eine dünne Holzplatte tapezieren und diese dann auf der Rückseite des Aufsatzregals befestigen. So kann das umgestaltete Möbelstück im Bedarfsfall komplett umziehen. Achten Sie darauf, dass die Platte nicht zu dünn ist, damit sie sich durch den Tapetenkleister nicht biegt.

Klar strukturiert

An der Kommode selbst wurde hier gar nichts verändert – aber ihre Inszenierung sieht trotzdem alles andere als 08/15 aus! Das liegt an der klaren Linienführung, die im Vordergrund steht. Die Wand bekam Querbahnen in Weinrot und Creme aufgemalt, die durch weiße Streifen voneinander getrennt werden. Die Farbfelder und -streifen werden dabei sowohl auf die Kommodenhöhe wie auch die Höhe, auf der die Regalborde angebracht wurden, abgestimmt.

Der besondere Clou sind die Aufbauspots, die die Bildergalerie mit den schwarzen Rahmen ins richtige Licht setzt.

- Kommode in Weiß
- 4 Regalborde in Weiß inkl. Wandbefestigung
- Aufbauspots
- Wandfarbe in Weinrot, Creme und Weiß
- Streich-Werkzeuge
- Bohrmaschine oder Akkubohrer mit passenden Aufsätzen

Kistenweise Möglichkeiten

Das erste, woran man denkt, wenn man die einfachen Holzkästen aus dem Baumarkt sieht, ist wahrscheinlich „Ordnungshelfer". Das stimmt einerseits schon – es steckt aber noch mehr in den unauffälligen Kisten. Mit etwas Farbe und Fantasie verwandeln sie sich nämlich in eine kleine Sitzbank für den Flur oder originelle Regale. Und in der Gestalt machen sie ganz schön was her!

- Holzkästen
- dicke Spanplatte
- Möbelrollen
- Schwerlastträger mit passenden Schrauben und Wanddübeln
- Acryllack in Weiß und verschiedenen Farben
- Pinsel oder Lackierrolle
- Leiste (fungiert als Lineal)
- Bohrmaschine oder Akkubohrer mit passenden Aufsätzen

Sitzbank

Zuerst sowohl die Kästen wie auch die dicke Spanplatte in Weiß lackieren und trocknen lassen.

Mithilfe der Leiste, die jetzt als Lineal fungiert, unterschiedlich breite, bunte Streifen auf die Kästen aufmalen und wieder trocknen lassen.

Zum Schluss schrauben Sie jeweils vier Möbelrollen unter jeden Kasten und befestigen als Sitzfläche die Spanplatte mit Schwerlastträgern an der Wand.

Schmales Kistenregal

Ein Regal der etwas anderen Art: Für das Wand-Paneel lackieren Sie die Holzkästen sowie das Leimholzbrett in Weiß. Nach dem Trocknen bekommt das Leimholzbrett dann den Anstrich in Hellgrün. Die weiße Grundierung sorgt hier dafür, dass die Farbe so richtig schön leuchtet.

Dann befestigen Sie die Holzkästen an dem Brett. Wenn Sie nur leichte Sachen in dem Wand-Paneel aufbewahren wollen, dann reichen dafür Schrauben und Holzleim, bei schwereren Sachen greifen Sie zu Konsolenträgern.

Fixieren Sie das Wand-Paneel mit Schrauben und Dübeln an der Wand.

- Holzkästen
- Leimholzbrett, 28 mm stark
- Acryllack in Weiß und Grün
- Schrauben und Holzleim; alternativ: Konsolenträger
- Schrauben und Dübel
- Pinsel oder Lackierrolle
- Bohrmaschine oder Akkubohrer mit passenden Aufsätzen

Setzkasten-Regal

Hier ist schon das Regal selbst ein richtiger Hingucker – auch ohne Inhalt. Das liegt an den hübschen Papieren, mit denen die Böden der Kisten beklebt wurden.

Zuerst lackieren Sie die Kästen wie gehabt in Weiß und lassen sie trocknen.

Dann schrauben Sie die Kästen auf eine Spanplatte in der passenden Größe, die ebenfalls in Weiß lackiert wurde. Auf diese Art und Weise sorgen Sie dafür, dass nicht für jeden Holzkasten separate Löcher in die Wand gebohrt werden müssen.

Bekleben Sie die Böden der Kästen innen mit passend zugeschnittenen Geschenkpapieren. Besonders schön sieht hier ein harmonischer Farb- und Mustermix aus.

Zum Schluss dübeln Sie das Regal mit vier Schrauben – in jeder Ecke eine – an die Wand.

- Holzkästen
- Spanplatte
- Geschenkpapiere mit unterschiedlichen Mustern
- Acryllack in Weiß
- Pinsel oder Lackierrolle
- Schrauben und passenden Dübel
- Bohrmaschine oder Akkubohrer mit passenden Aufsätzen

Tipp

Noch eine „Kistenidee“: Dank der Möbelrollen werden die Kisten zu praktischen Rollcontainern. Diese Rollcontainer können Sie alternativ auch in mobile Hocker fürs Kinderzimmer verwandeln. Wie das geht? Ganz einfach: Sägen Sie als Deckel eine Holzplatte in passender Größe zu (oder lassen Sie das im Baumarkt machen!), versehen Sie diesen mit Scharnieren und nähen oder kaufen Sie Sitzkissen in passender Größe – fertig! Das sorgt für Ordnung im Kinderzimmer und ist gleichzeitig bequem. Praktisch, nicht?

Zwei Seiten

Alles hat zwei Seiten, heißt es immer so schön. Nun, das mag vielleicht nicht auf jedes Thema zutreffen – auf Raumteiler aber schon! Dieser hier teilt den Wohn- und den Schlafbereich optisch voneinander und bietet gleichzeitig Platz für viele, viele Bücher und die Lieblings-Wohnraum-accessoires.

Die Regale sowie die Aufsätze montieren.

Dann müssen Sie die Regale sowie die Aufsätze miteinander verschrauben. Der Clou ist dabei, dass die offene Regalseite in den Wohnbereich zeigt, die offene Seite der Aufsätze aber in Richtung Schlafbereich! Wichtig ist, dass die Kanten genau aufeinander treffen müssen, dabei helfen Schraubzwingen.

Die MDF-Platten sollten Sie zuerst in Weiß grundieren und trocknen lassen. Die weiße Grundierung sorgt nämlich dafür, dass die Farbe später richtig schön leuchtet. Danach lackieren Sie die Platten in Gelb – oder jeder anderen Farbe, die Ihnen gefällt und zu dem Farbkonzept in dem Raum passt.

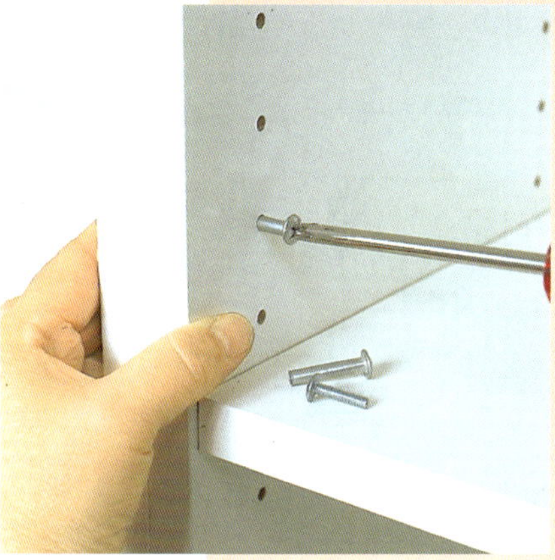

Schrauben Sie die Platten an. Dafür sollten Sie die Löcher zuerst vorbohren und die Schrauben unbedingt im Holz versenken. Die Schraubenlöcher glätten Sie danach mit Holzspachtelmasse und machen Sie mit etwas Lack unsichtbar.

- 3 Billy-Regale mit Aufsätzen
- MDF-Platten, 14 mm stark, hier:
  - 141 cm x 28 cm (Seite)
  - 240 cm x 28 cm (oben)
  - 240 cm x 106 cm (Rückseite in Richtung Schlafzimmer)
  - 240 cm x 35 cm (Rückseite in Richtung Wohnzimmer)
- Acryllack in Weiß und Gelb
- Holzspachtelmasse
- Schrauben
- Pinsel oder Lackierrolle
- Schraubzwingen
- Bohrmaschine oder Akkubohrer mit passenden Aufsätzen (insbesondere Senkbohraufsatz)

Tipps

Die zusammengebauten Regale und Aufsätze sind sehr schwer. Schrauben Sie sie deshalb am besten an der Stelle zusammen, wo sie hinterher auch stehen sollen. Die MDF-Platten lassen Sie sich am besten im Baumarkt auf die passende Größe zuschneiden.

Echt versilbert

Der besondere Clou bei dieser Kommode: die „Beschläge" aus Blattmetall. Das Schöne daran? Dass die ganz schnell gemacht sind. So verwandeln Sie eine einfache Kommode aus dem Möbel-Mitnahmemarkt im Handumdrehen in ein echtes Glanzstück für Ihre Wohnung, das richtig edel und teuer aussieht.

Fällt auf den ersten Blick kaum auf, aber zuerst wird die Kommode lackiert – und zwar in Beige.

Nach dem Trocknen tupfen Sie mit einem Schwamm vorsichtig die dunklere Farbe auf, damit das wolkenartige Muster entsteht. Üben Sie das vorher am besten auf einem Papp- oder Holzrest, Sie dürfen nämlich weder zu viel, noch zu wenig Farbe erwischen, sonst sieht es schnell nach gewollt, aber nicht gekonnt aus.

Für die „Beschläge" braucht es hier kein Metall und keinen Hammer, sondern lediglich Blattmetall und einen weichen Pinsel. Fertigen Sie aus einem Stück Pappe eine Beschlags-Schablone an. Dann tragen Sie die Anlegemilch auf und fixieren das Blattmetall laut Herstellerangaben mit einem weichen Pinsel.

- Holzkommode
- Acryllack in Beige und Hellbraun
- Blattsilber
- Anlegemilch
- Pappe (für die Beschlags-Schablone)
- Pinsel und Lackierrolle
- weichen Pinsel
- Schwamm

Tipp

Blattmetall eignet sich hervorragend, um glänzende Akzente zu setzen. Sie können damit nicht nur neue Möbelstücke im Handumdrehen aufpeppen, sondern auch alten Stücken neuen Glanz verleihen.

Ornamental

Auch ein einfaches CD-Regal wird dank Papp-Reliefs zu einem wahren Hingucker. Diese gibt es in einer großen Vielfalt im Baumarkt, Bastelfachhandel oder auch im Internet zu kaufen. Einfach mit Sprühlack lackieren, passend ablängen und mit Sprühkleber fixieren – fertig!

Dekorative Pendelleuchten

Hierfür bemalen Sie einfach Papierlampions aus dem Baumarkt zur Hälfte mit Bastelfarbe und setzen anschließend mit Heißkleber Deko-Blüten auf. Auch Schmetterlinge machen sich gut!

Schön verpackt

Kennen Sie das? Während Ihres Auslandsurlaubs entdecken Sie im Supermarkt Sachen, die so hübsch verpackt sind, dass Sie sie einfach kaufen müssen – egal, was drin ist. Hier haben wir die Verpackung zu Hause im Kopiergeschäft auf Stofftransfers kopieren lassen und diese anschließend auf die Stofflehnen der Küchenstühle aufgebracht.

Für Kleinigkeiten

Für Gummiringe, Büroklammern, Stifte und alles, was sonst leicht verloren geht: Lasieren Sie die Boxen aus dem Möbel-Mitnahmemarkt in verschiedenen Farben und montieren Sie diese zusammen mit Regalbrettern an der Wand. Eine originelle Lösung, die keinen Platz auf dem Schreibtisch wegnimmt.

Maritimes Betthaupt

Urlaubsfeeling für neue (oder auch alte) Betten: Für das maritime Betthaupt lassen Sie eine 18 mm starke Spanplatte etwas breiter als das Bett selbst zusägen. Legen Sie größer zugeschnittenes Volumenvlies auf und kleben Sie dieses auf der Rückseite der Platte fest. Danach schablonieren Sie den Schriftzug mit Stoffmalfarbe und einer Buchstabenschablone auf den ebenfalls größer zugeschnittenen Stoff und tackern diesen nach dem Trocknen auf der Rückseite der Platte fest. Damit nichts wackelt, schrauben Sie das Betthaupt am besten an die Wand und schieben das Bett einfach davor.

Von der Rolle

Gefallen Ihnen die neuen Mustertapeten auch so gut, dass Sie sofort jedes Zimmer damit „einkleiden" müssen? Oft bleibt dabei der eine oder andere Tapetenrest übrig. Hier haben wir damit einen einfachen Schrank aus dem Möbelhaus aufgepeppt – und das sonst eher unscheinbare Stück in einen romantischen Hingucker verwandelt.

Platz da

Damit jeder weiß, wo sein Platz ist, haben wir den weißen, einfachen Stühlen, wie es sie überall zu kaufen gibt, kleine Lehnenröckchen verpasst. Dazu schneiden Sie aus dem vorgewaschenen Jeansstoff ein Rechteck (Lehnenbreite x doppelte, gewünschte Höhe zuzüglich Nahtzugabe) zu, säumen die Längsseiten, klappen es rechts auf rechts zusammen und schließen die kurzen Seiten. Wenden und die Namen mit Stoffmalfarbe und einer Buchstabenschablone aufschablonieren. Damit die Farbe nicht auf die andere Stoffseite durchschlägt, ist es wichtig, dass Sie dabei eine saugfähige Unterlage zwischen die beiden Stofflagen legen.

Aufschabloniert

Den Klapptisch gibt's fertig zu kaufen, seine Muster aber nicht. Individuelles Flair bekommt er dank seiner weißen Lasur und den aufschablonierten Königslilien. Wichtig beim Schablonieren ist, dass Sie dafür einen speziellen Schablonierpinsel verwenden und immer nur wenig Farbe auf einmal aufnehmen.

Für Teetrinker

Tee schmeckt nicht nur gut, sondern ist meistens auch richtig schön verpackt. Warum nicht also einfach mal eine fertig gekaufte Stauraumbox einfach so „verkleiden", dass sie gleich auf den ersten Blick verrät, was Sie in ihr aufbewahren? Fertigen Sie im Copyshop eine vergrößerte Farbkopie von der Verpackung an und kleistern Sie diese mit Sprühkleber oder Tapetenkleister auf die zuvor lackierte Box auf. Ein bisschen kniffelig ist hier lediglich das passende Zuschneiden, damit die Papierstücke auch genau auf die Schubladenfronten passen.

Tierischer Spaß

Hätten Sie die Kommode von Seite 98 hier wieder erkannt? Wahrscheinlich nicht! Um ins Kinderzimmer zu passen, hat sie einen strahlend-gelben Anstrich erhalten. Die Motive sind nicht aufgemalt, sondern aus einer Tapetenbordüre ausgeschnitten, mit Kleister aufgeklebt und zum Schutz mit Klarlack überzogen worden. Das geht kinderleicht! Achten Sie lediglich darauf, die Motive nicht zu nah am Rand zu platzieren, damit sich die Schubladen noch problemlos öffnen und schließen lassen, ohne dass die Motive Schaden nehmen.

Mit Patina

Wer sagt, dass man nur alten Möbeln einen neuen Anstrich verleihen darf? Eben, niemand! Hier haben wir der neuen Apotheker-Kommode ein schön nostalgisches Flair verliehen, indem wir mit einem breiten Pinsel Acryllack aufgetragen haben – und zwar in Richtung der Holzfasern. Danach haben wir die Kanten leicht mit mittelfeinem Schleifpapier abgeschliffen, damit das Holz an einigen Stellen wieder durchschimmert. Und weil uns die Griffe nicht so gut gefallen haben, haben wir diese noch durch andere Möbelknöpfe ausgetauscht.

Nicht nur praktisch, sondern auch schön

Klapptische sind praktisch, keine Frage: Wenn Sie die Tischplatte aber noch individuell lackieren, dann sind sie im weggeklappten Zustand auch noch schön. Dann erinnern das Bild oder der Spruch nämlich eher an ein Wandbild!

Endlich nicht mehr langweilig

Schluss mit weißen Wänden, tristen Türen und uninspirierten Fensterbereichen. Diese großen Flächen, die in einem Raum nämlich etliches an Platz einnehmen, braucht man nicht als gegeben hinzunehmen. Sie bieten sich gut für außergewöhnliche Kreativ-Lösungen an, die alles andere als 08/15 sind. „Verkleiden" Sie Ihre Wände doch mal, zum Beispiel mit knallbunten Kunststoff-Kassetten oder einer Wandvertäfelung, für die Sie kein überambitionierter Heimwerker sein müssen. Fenster und Türen sind dankbar, wenn sie mal ganz anders als zweckmäßig in Szene gesetzt werden. Wetten, dass Sie danach Wände, Türen und Fenster mit ganz neuen Augen betrachten werden?

Platten-Bau

Was ist das? Eine Resteverwertung auf bunte, lustige und moderne Art und Weise. Die Kunststoff-Kassettenplatten aus dem Versandhandel haben wir hier mit verschiedenen Farbresten gestrichen. Das sorgt für weniger angebrochene Farbdosen im Keller – und für eine farbenfrohe, außergewöhnliche Wand, wie sie sonst sicher niemand hat.

- Kunststoff-Kassetten (von einem Versender)
- Acryllack in verschiedenen Farben
- wieder ablösbare Klebekissen
- Pinsel
- Cutter oder Schere

Tipp

Legen Sie die bunt angemalten Platten vor dem Aufkleben zur Probe auf dem Boden aus. So sehen Sie zum einen, wie die Farben miteinander harmonieren und erkennen gleichzeitig, welche Außenkanten Sie streichen müssen. Das spart Zeit und Arbeit!

Bei Bedarf die Platten mit der Schere oder dem Cutter in der passenden Größe zurechtschneiden.

Danach streichen Sie die Platten mit einem Pinsel in verschiedenen Farben. Achtung, dabei die Kanten nicht vergessen!

Nach dem Trocknen kleben Sie wieder ablösbare Klebekissen auf die Rückseiten der Platten, jeweils ungefähr acht Stück.

Markieren Sie auf der Wand die Stelle, an der die erste Kassette angebracht werden soll, und kleben Sie diese exakt auf. Es folgen die anderen Kassetten-Platten, bis die Wand damit vollständig bedeckt ist.

Wer will, der versieht die Wand nur bis auf die halbe Höhe mit den Platten und schraubt als dekorativen Abschluss eine lackierte Zierleiste drüber. Das sieht dann fast ein bisschen so aus, als würden Sie in einem Altbau leben – nur bunter! Diese Variante sehen Sie rechts unten.

Guten Appetit

Wie wäre es, endlich mal wieder gemeinsam mit der Familie oder Freunden zu schlemmen? Lecker, kurzum eine tolle Idee? Prima! Appetitlich frisch und richtig einladend wirkt eine in Apfelgrün gehaltene Essecke. Die Wandvertäfelung sorgt hier dafür, dass der Ess- und Wohnbereich räumlich voneinander getrennt werden. So kommt keiner in Versuchung, das Essen schnell vor dem Fernseher runterzuschlingen.

Die apfelgrüne Wand in Kassettenoptik sieht viel aufwendiger aus, als sie eigentlich ist. Zuerst heißt es allerdings ein bisschen planen: Wie groß sollen die Rahmen beziehungsweise die Kassettenfächer innen eigentlich sein? Lassen Sie sich die Sperrholzplatten und die Leisten am besten schon in passender Größe im Baumarkt zuschneiden, das spart Ihnen viel Arbeit.

Dann streichen Sie die Platten und Leisten in Apfelgrün. Dabei fangen Sie jeweils an den Kanten an. Danach streichen Sie auch den unteren Teil der Wand in der gewünschten Farbe. Damit oben nichts darüber hinaus geht, kleben Sie die Sockeloberkante mit breitem Malerkreppband ab.

Danach bringen Sie zuerst die Quer- und anschließend die senkrechten Leisten an, und zwar entweder mit Stahlnägeln oder mit Schrauben und Dübeln, je nach Untergrund.

Nun nageln oder schrauben Sie noch die lackierten Kassettenfächer an. Achten Sie dabei darauf, dass Sie nicht aus Versehen Macken in das Holz schlagen! Die Nagel- beziehungsweise Schraubenköpfe verschwinden zum Schluss unter einem Tupfen Farbe.

- Sperrholzplatten
- Leisten, ca. 10 cm breit
- Wandfarbe und Acryllack in Apfelgrün
- Stahlnägel oder Schrauben und Dübel (abhängig vom Untergrund)
- breites Malerkreppband
- Malutensilien (für die Wand)
- Pinsel und Lackrolle
- Hammer oder Bohrmaschine bzw. Akkubohrer mit passenden Aufsätzen

Tipp

Sofern das vom Untergrund her möglich ist, fixieren Sie die Kassettenfächer am besten mit Stiftnägeln, deren Köpfe anschließend kaum noch zu erkennen sind.

Schöner Schein

Ein Kamin hat was – und vermittelt sofort ein Gefühl von Behaglichkeit und Wärme. Aber wer hat schon das Glück, so einen sein eigen zu nennen? Demnächst Sie! Wie? Indem hier Schein mehr ist als Sein: Der Kamin ist nicht echt, sondern ein Deko-Kamin mit Keramik-Holzscheiten. Und die Wand? Die besteht aus Platten in Stein-Optik, sieht aber täuschend echt aus.

Bei dem, was hier nach einer massiven Mauer aussieht, handelt es sich in Wirklichkeit um Platten in Naturstein-Optik, die aus Fiberglas bestehen und mit Steinmehl beschichtet wurden – und viel leichter zu verarbeiten sind als echte Mauersteine! Konstruieren Sie einen Mauervorsprung in der gewünschten Größe und bringen Sie diesen an Ihrer Wand an.

Der „Kamin" besteht aus passend zugeschnittenen MDF-Platten, die Sie mit Holzleim und/oder Schrauben zusammenfügen. Beim Design können Sie sich entweder an der Abbildung hier orientieren oder Sie entwerfen ein Modell ganz nach Ihren eigenen Wünschen. Wichtig ist, dass der Deko-Kamin, der mittels keramischen Holzscheiten und Brenn-Gel „betrieben" wird, in den Kaminausschnitt passt. Diesen bringen Sie den Herstellerangaben entsprechend an. Der „Kamin" bekommt mit Acrylfarbe den gewünschten Farbton.

Für den nordisch-frischen Stil haben wir hier die restliche Wand mit hellblau lackierten Nut- und Feder-Brettern verkleidet. Damit Sie die nicht alle an die Wand bohren müssen, sitzen sie auf einer Latten-Unterkonstruktion aus drei Querleisten.

Die mittels Regalkonsolen befestigten Bücherborde bekommen mit Dekor-Wachs einen schönen Schimmer. Dafür das Wachs mit dem Pinsel in Holzmaserungs-Richtung auf das unbehandelte Holz auftragen. Danach reiben Sie mit einem weichen Tuch über die behandelten Stellen, und zwar ebenfalls in Faserrichtung! So bekommen die Holzborde einen schönen, zarten Schimmer.

- Deko-Kamin mit keramischen Holzscheiten
- MDF-Platten
- Nut- und Federbretter
- Leisten
- Bücherborde mit Konsolen
- Fiberglas-Natursteinmauerwerk
- Acryllack
- Dekor-Holzwachs
- Pinsel und/oder Lackierrolle
- Stichsäge

Tipp

Das Dekor-Wachs gibt es in verschiedenen Farben zu kaufen. Es sorgt dafür, dass die Holzoberfläche wisch- und wasserfest wird und Schmutz nicht so leicht darauf haften bleibt.

Runde Sache

Wo vorher ein Bild an der Wand hing, sind jetzt bunte Farbkreise zu sehen. Diese sind so dekorativ, dass es nichts anderes mehr braucht. Und praktischerweise sind sie ganz schnell selbst gemalt. Eine richtig runde Sache also, im wahrsten Sinne des Wortes!

- Wandfarbe in Blaugrau, Aubergine, Weiß und Schwarz
- dünnen Nagel
- Schnur
- Bleistift
- Zollstock
- Pinsel

Die Kreise, die jetzt an der Wand prangen, lassen das Bild, das vorher dort hing, ganz schön blass aussehen.

Zuerst malen Sie die Kreise vor. Dafür markieren Sie zuerst die Kreismittelpunkte auf der Wand, zum Beispiel mithilfe eines Zollstocks. Dann heißt es Improvisieren, hier dienen nämlich ein kleiner Nagel und ein Stück Schnur als Zirkel, mit dem Sie die Kreise auf der Wand vorzeichnen. Achten Sie unbedingt darauf, dass der Radius bei allen Kreisen gleich groß sein muss.

Zum Schluss malen Sie die Kreise in den gewünschten Farben aus. Für den fliederfarbenen Kreis haben wir hier Aubergine und Weiß miteinander vermischt.

Tipp

Das Blaugrau des Sofas spiegelt sich hier in einigen Kreisen wieder. Wenn Sie Ihre Wunsch-Wandfarbe nicht schon fertig angemischt finden, dann nehmen Sie beim nächsten Baumarkt-Besuch einfach ein Sofakissen mit. Anhand dieses Farbmusters können Sie dort nämlich den exakt gewünschten Farbton anmischen lassen.

Wand-Vertäfelung

Wer bei dem Begriff „Wand-Vertäfelung“ an altmodischen Bauerncharme denkt, der wird schnell eines besseren belehrt. Die Wand wurde hier in einer Ecke zwar ebenfalls mit Holz verkleidet, aber durch die schuppenartige Anordnung der Bretter und das Wohnambiente drum herum wirkt das Ganze alles andere als altbacken!

- Multiplexplatten, 12 mm stark, 18 cm breit (alternativ: MDF-Bretter)
- Holzleisten
- Holzlasur in zwei Farbtönen
- Schrauben
- Wanddübel
- Nägel
- Pinsel
- Bohrmaschine mit passenden Aufsätzen

Zuerst lasieren Sie die Vorderseiten und Kanten der in der passenden Größe zugesägten Multiplex- beziehungsweise MDF-Platten mit der helleren Holzlasur. Nach dem Trocknen folgt der Auftrag der dunkleren Holzlasur. Wieder trocknen lassen.

Für die Unter-Leistenkonstruktion müssen Sie etwa alle 80 cm eine senkrechte, raumhohe Leiste anbringen. Dazu müssen Sie die Leisten jeweils zuerst vorbohren, dann mit dem Hammer vorsichtig einen Dübel in Bohrlochgröße einschlagen und anschließend die Leisten festschrauben. Die Schrauben in jeder Leiste haben ungefähr einen Abstand von 50 cm zueinander.

Anschließend bohren Sie auch die Multiplexplatten vor.

Jetzt geht es daran, die Platten anzunageln. Wer genau hinsieht, sieht, dass sich die Platten dabei leicht überlappen. Das nennt man Stülptechnik. Fangen Sie dabei unten an und lassen Sie das nächste Brett jeweils ungefähr 1 cm überlappen.

Riesen-Tafelbild

Wo hört hier die Wand auf und wo fängt das Bild an? Das ist bei dem riesigen Tafelbild kaum zu erkennen. Beinahe sieht es aus wie eine Wand, die mit einer teuren Ornamental-Tapete beklebt wurde – aber doch nur beinahe. Wer nämlich genauer hinschaut, der erkennt die trickreiche Beleuchtung. Und so was können Tapeten bekanntlich (noch) nicht.

Tafelbild

Zuerst müssen Sie den Stempel machen: Vergrößern Sie dazu die Vorlage (siehe Seite 142) auf die gewünschte Größe (hier: 31 cm hoch und 28 cm breit), übertragen Sie das Motiv auf eine 3 mm starke Moosgummiplatte und schneiden Sie es daraus aus. Bekleben Sie die Trägerplatte zunächst mit einer ganzen Moosgummiplatte und fixieren Sie darauf dann das aus Moosgummi ausgeschnittene Ornament. Auf der Rückseite werden der Rundholz-Abschnitt und darüber die Holzleiste als Griff aufgeschraubt. Das Rundholz sorgt dafür, dass sich die Träger-Holzplatte leicht wölbt, was beim Stempeln bequemer ist.

Dann streichen Sie die große Holzplatte im gewünschten Farbton und lassen Sie trocknen. Erst wenn die Untergrundfarbe vollständig getrocknet ist, kann es ans Stempeln selbst gehen.

Damit das Muster schön gleichmäßig wird, bringen Sie mit Schraubzwingen eine Holzleiste als Anlegehilfe an. Dann geben Sie die Wandfarbe in eine flache Wanne und rollen die Gummiwalze darin, bis sie gleichmäßig mit der Farbe benetzt ist. Tragen Sie damit die Farbe auf den Stempel auf und stempeln Sie los. Wenn die Platte vollständig bestempelt ist, lassen Sie sie wieder trocknen.

- Holzplatte
- 4 Leisten, 6 cm x 6 cm
- 3 Leuchtröhren
- 2 Moosgummiplatten, 3 mm stark
- dünne Holzplatte (als Trägerplatte für den Stempel)
- kleine Holzleiste (als Stempelgriff)
- kleinen Rundholz-Abschnitt
- tropffreie Wandfarbe
- Schrauben
- Flachverbinder
- Wandhaken zum Einhängen
- Klebstoff
- flache Wanne
- (Gummi-)Walze
- Pinsel oder Farbrolle
- Schraubzwingen
- Holzleiste (als Anlegehilfe)
- Bohrmaschine mit passenden Aufsätzen

Zum Schluss schrauben Sie – als Abstandshalter – aus den Leisten einen Rahmen auf die Rückseite, an dem Sie die drei Leuchtröhren befestigen. Dann hängen Sie das Riesen-Tafelbild mittels Flachverbindern an bereits montierte Wandhaken.

- selbst gemachter Stempel (wie auf Seite 119 beschrieben gearbeitet)
- Wandfarbe
- Malerkreppband

Wandschmuck

Der gleiche Stempel, der hier aber direkt auf der Wand angewendet wird. Streichen Sie die Wand zuerst in dem gewünschten Farbton.

Anschließend tragen Sie Farbe auf den Stempel auf und stempeln in gleichmäßigen Abständen die Ornamente wie eine Bordüre (oder auch nur als einzelnen Blickfang) auf die Wand auf. Auch hier gilt: Seien Sie lieber sparsam mit der Farbe statt Farbkleckse auf der Wand zu riskieren!

Tipp

Gehen Sie sparsam mit der Farbe um, wenn Sie diese auf den Stempel auftragen. Kleine „Fehlstellen" sieht hinterher keiner – große Farbkleckse aber schon!

Türisch gut

Haben Sie sich schon mal überlegt, wie groß Türen sind? Und was für eine große Fläche sie eigentlich einnehmen? Da bemüht man sich, mit tollen Bildern Stimmung an die Wände zu bringen – und dann zerstört eine langweilige Tür den ganzen Effekt. Dabei bietet eine Tür knapp zwei Quadratmeter, auf denen Sie ganz wunderbar kreativ wirken können. Nützen Sie die Tür zum Beispiel als Bildergalerie oder Memoboard.

- alte Tür
- Holzleisten
- vergrößerte Farbkopien von Fotos
- Acryllack in Weiß und Weinrot
- Sprühkleber
- Holzleim oder Heißklebepistole
- Schleifpapier mit Schleifklotz
- Lackierrolle
- Borstenpinsel
- Pinsel
- Gehrungslade mit Feinsäge

Romantische Galerie

Zuerst die Tür vorbereiten. Diese dazu aushängen, die Beschläge abschrauben und den alten Lack anschleifen. Das geht am einfachsten, wenn Sie die Türe auf zwei Böcke legen. Dann mithilfe der Lackierrolle die Türe streichen und trocknen lassen.

Für die Bildergalerie vergrößern Sie Ihre Lieblingsbilder mit dem Farbkopierer auf die gewünschte Größe und kleben Sie in gleichmäßigen Abständen mit Sprühkleber auf.

Danach geht's an die Rahmen, und zwar auch an den großen, der die Bildergalerie auf wirkungsvolle Art umschließt. Dafür die Leisten in der gewünschten Länge ablängen und an den Ecken abschrägen, sodass sie auf Gehrung zusammengesetzt werden können.

Die Leisten erst mit weißem Lack grundieren und trocknen lassen. Danach tragen Sie den weinroten Lack auf und lassen auch diesen wieder trocknen. Der weiße Lack sorgt dafür, dass die Farbe so richtig schön strahlt. Für den Antik-Effekt nehmen Sie jetzt den Borstenpinsel zur Hand und tragen mit diesem ganz zart streifenweise weißen Lack auf. Das geht am besten, wenn Sie den Pinsel vor dem Farbauftrag abstreifen, sodass nur noch ganz wenig Farbe in den Borsten ist, und ihn parallel zu dem Rahmen führen.

Kleben Sie die Leisten zu einem Rahmen zusammen und diesen mit Holzleim oder der Heißklebepistole auf die Tür.

Memoboard

Eine praktische und gleichzeitig dekorative Lösung: In der Küche bietet es sich an, die Türe mit einer Tafel zu versehen, auf der Sie Einkäufe, wichtige Telefonnummern und alles, was Sie nicht vergessen wollen, notieren können.

Zuerst die Türe wie eben beschrieben anschleifen und lackieren. Auch das Schubladenkästchen lackieren Sie in Weiß. Die Hartfaserplatte, die Sie im Baumarkt auf die richtige Größe haben zuschneiden lassen, bekommt einen Anstrich mit Schultafellack. Die gestrichene Hartfaserplatte anschrauben.

Zum Schluss das Schubladenkästchen anschrauben und den Schwamm an eine Schnur hängen, die an einem eingedrehten Schraubhaken befestigt ist.

- alte Tür
- Schubladenkästchen
- Hartfaserplatte
- Schwämmchen mit Schnur
- Acryllack in Weiß
- Schultafellack
- Schraubhaken
- Schrauben
- Schleifpapier mit Schleifklotz
- Lackierrolle

Tipp

Damit die Töpfe und Dosen, die hier so dekorativ auf dem Schubladenkästchen stehen, nicht herunterfallen können, wenn die Tür mal etwas heftiger ins Schloss fällt, schrauben Sie diese am besten von unten her auf dem Schubladenkästchen fest.

Mit Rankgitter

Wenn auf den Fensterbänken kein Platz mehr ist, dann vielleicht an der Türe? Dafür grundieren Sie die Türe wie beschrieben in Weiß, lassen sie trocknen und malen sie danach in Weinrot an. Die weiße Grundierung sorgt dafür, dass die Farbe schön leuchtet. Das Holzspalier bekommt einen Anstrich in Weiß.

Das Holzspalier anschrauben und die Drahtkörbe einhängen. Dort hinein stellen Sie dann die Pflanzen. Achten Sie darauf, dass für die Pflanzen auch die richtigen Lichtverhältnisse herrschen. Türen befinden sich bekanntlich nicht immer in der hellsten Ecke des Raums.

- alte Tür
- Holzspalier, 40 cm x 120 cm
- Drahtkörbe zum Einhängen
- Blumentöpfe
- Acryllack in Weiß und Weinrot
- Schrauben
- Schleifpapier mit Schleifklotz
- Lackierrolle
- Pinsel
- Schraubendreher oder Akkubohrer mit passenden Aufsätzen

Tipp

Die Blumentöpfe sollten hier besser keine Löcher haben, damit nichts tropft. Damit es den Pflanzen trotzdem gut geht, setzen Sie diese am besten in Tongranulat statt in Erde.

Klapp-Läden

Es müssen nicht immer Vorhänge sein, wie die Klapp-Läden mit Durchblick beweisen. Die sind hier ausnahmsweise nicht außen angebracht sondern innen. Mit ihren Ausschnitten sorgen sie dafür, dass genug Licht in die Wohnung fällt. Der Vorteil der Klappläden: Sie müssen nicht gewaschen werden. Dank des weißen Anstrichs wirkt der Raum trotzdem schön hell und luftig.

Im ersten Schritt messen Sie Ihr Fenster aus und schneiden sechs Sperrholz-Rechtecke in der entsprechenden Größe zu. Sollen die Klappläden nicht wie hier dreigeteilt, sondern nur zweigeteilt sein, brauchen Sie natürlich nur vier Rechtecke, die dafür aber jeweils breiter sein müssen.

Danach sägen Sie aus jedem Teil das Ornament aus. Entwerfen Sie dieses dafür frei Hand auf Papier. Diese Schablone legen Sie auf jedes Teil (und zwar immer auf der gleichen Höhe!) und umfahren sie mit Bleistift. Um Innenausschnitte auszusägen, müssen Sie jeweils ein Loch in die auszusägende Fläche bohren. In dieses das Sägeblatt einführen und von ihm aus zu der aufgezeichneten Linie sägen.

Die Kanten mit Schleifpapier glätten und die Teile anschließend lackieren. Für einen deckenden und schön gleichmäßigen Farbauftrag empfiehlt es sich, die Teile jeweils einmal zu lackieren, trocknen zu lassen, einen Zwischenschliff durchzuführen und sie dann noch mal zu lackieren.

Verbinden Sie die Teile jeweils mit zwei Scharnieren miteinander. Die fertigen Läden werden dann, ebenfalls wieder mit jeweils zwei Scharnieren, an der Wand befestigt.

- 6 Sperrholz-Rechtecke, 5 mm bis 10 mm stark (Größe abhängig von Ihrer Fenstergröße)
- Acryllack in Weiß
- 12 Scharniere
- Bleistift
- Pinsel und/oder Lackierrolle
- Schleifpapier mit Schleifklotz
- Stichsäge
- Bohrmaschine oder Akkubohrer mit passenden Aufsätzen

Tipp

Falls die Fensterbänke bei Ihnen vorstehen, müssen Sie die Fensterläden entweder auf Abstandsleisten schrauben oder sie einfach etwas höher anbringen, damit sie trotzdem problemlos geschlossen werden können.

Kräuter
LANDHAUS-GÄRTEN

Drei-Teiler

Ein Rollo ist viel zu kompliziert zu nähen? Nein, nicht wenn es sich um dieses hier handelt. Den attraktiven Dreiteiler bekommen auch Näh-Anfängerinnen hin. Das Originelle daran: Dank der drei Stoffbahnen können Sie ganz beliebig mit dem Lichteinfall spielen, indem diese unterschiedlich weit herunter gelassen werden. Also: Auf an die Nähmaschine!

Zuerst müssen Sie den Stoff zuschneiden. Beachten Sie dabei bitte, dass jede Stoffbahn zusätzlich ringsum 2 cm Nahtzugabe braucht. Die Rollobreite sollte so bemessen sein, dass das Rollo auf jeder Fensterseite 10 cm übersteht.

Waschen Sie den Stoff, damit er nicht später aus Versehen eingeht, wenn er beim Frühjahrsputz in die Waschmaschine gesteckt wird. Danach säumen Sie die Stoffbahnen. Damit der Stoff später schön fällt, müssen Sie unten jeweils einen Tunnel einnähen, in den später ein Rundholzstab eingelegt wird.

Danach nähen Sie beidseitig Texilband an die Oberkanten der drei Stoffbahnen, und zwar so, dass es nach unten hängt. Es muss jeweils so lang sein, dass Sie es auch noch bei fast ganz heruntergelassenem Rollo zu einer Schleife binden können.

Befestigen Sie die Holzleiste mit Schrauben und Dübeln an der Wand über dem Fenster. Darauf fixieren Sie eine Seite des Klettbandes. Die andere wird oben an die Stoffbahnen genäht. So können Sie das Rollo zum Waschen ganz leicht vom Fenster abnehmen.

Je nach gewünschtem Lichteinfall lassen Sie die Rollobahnen einfach unterschiedlich weit herunter und halten Sie mit Schleifen in der richtigen Höhe fest.

- Stoff
- Holzleiste
- Rundholz-Abschnitte
- Textilband
- Klettband
- Schrauben und Dübel (zur Wandbefestigung)
- Näh-Utensilien
- Bohrmaschine oder Akkubohrer mit passenden Aufsätzen

Tipp

Diese Idee bietet sich auch für einen fröhlichen Mustermix an, wenn Sie jede Stoffbahn aus einem anderen Stoff fertigen. Achten Sie in dem Fall aber darauf, dass sich die Farben gegenseitig wieder aufnehmen sollten, damit es beabsichtigt und nicht nach Reste-Verwertung aussieht.

Für Nicht-Maler

Große Wandflächen lassen sich nicht nur mithilfe von Farbe und Pinsel verändern, sondern auch mit Stoff. Für das große Blumenornament am Kopfende des Bettes tackern Sie eine Stoffbahn mit einem großformatigen Blumenornament auf der Rückseite einer raumhohen Holzplatte fest. Damit nichts verrutscht, fixieren Sie den Stoff dafür zuerst mit Klebefilm. Diese Holzplatte schrauben Sie anschließend an die Wand – fertig!

Wechselrahmen

Der Rahmen bleibt hier fest auf der Wand (wie die Kunststoff-Kassetten aufgebracht werden, erfahren Sie auf Seite 108/109). Stecken Sie mit Nadeln einfach große Metallklammern auf diesen fest, in die die wechselnden Bilder eingeklemmt werden können.

Ich sehe was, was du nicht siehst

Sieht auf den ersten Blick wie ein Fenster aus, ist in Wirklichkeit aber eine raffinierte Möglichkeit, einem Kunstposter einen wirkungsvollen Rahmen zu verleihen. Wie es geht? Wie haben hier die Türen von Omas altem Küchenbüfett ausgehängt und mit einem Äztmuster überzogen. Um das Kunstposter an der Wand haben wir mit weißer Wandfarbe einen Rahmen gemalt und nach dem Trocknen die Türen an der Wand montiert.

Gestreift

Sieht aus wie eine normale Streifentapete, ist in Wirklichkeit aber von Hand aufgemalt: Zeichnen Sie dafür die Linien mithilfe einer Wasserwaage und eines Bleistiftes auf der Wand vor und übermalen Sie diese anschließend einfach mit Wandfarbe. Der Vorteil gegenüber einer gekauften Tapete? Der Charme der nicht ganz geraden Linien. Außerdem können Sie die Streifenbreite und deren Abstand zueinander frei einteilen, was besonders dann von Nutzen ist, wenn nur eine Wandnische auf diese Art und Weise hervorgehoben werden soll.

Kleine Galerie

Das Merkmal einer Galerie? Dass die Bilder, die gezeigt werden, immer wieder wechseln. Das können Sie zu Hause auch haben, und zwar mit L-förmig aufeinander geleimten Holzleisten, die Sie farbig lackieren und anschließend an die Wand schrauben. Besonders schön sieht das aus, wenn die Abstände zwischen den Leisten immer gleich groß sind.

Platzsparend

Was sich hier so eng an die Wand schmiegt, das ist keine quer gestreifte Tapete, sondern eine praktische Garderobe. Damit es keine Flecken gibt, schützen Sie den hellblauen Wandanstrich zuerst mit einer Schicht abwaschbarem Lack. Die weißen Linien werden zum Aufmalen mit Malerkrepp-band abgeklebt, darüber befestigen Sie Möbelknöpfe. An Ort und Stelle gehalten werden Schuhe, Tasche & Co. dann mithilfe von Gummibändern für den Campingbedarf, das um die Knöpfe gewickelt und an den Enden verknotet wird.

Wand-Bordüre

Eine Wandbordüre der etwas anderen Art: Statt diese direkt auf der Wand aufzubringen, wurden hier Holzbretter grundiert und anschließend die Kronen aufschabloniert. Diese Leisten schrauben Sie anschließend auf die Wand. Der Vorteil? Die Leisten lassen sich einfach wieder abnehmen, wenn Ihnen die Bordüre nicht mehr gefällt oder Sie ein anderes Motiv wünschen. Aufwendige Malerarbeiten fallen dann nicht an!

Für Goldstücke

Für ganz „Goldige“: Die goldenen Wörter (damit ist sowohl deren Farbe wie auch die Bedeutung gemeint!) schablonieren Sie mithilfe von Buchstabenschablonen aus dem Bastelfachhandel auf das abgegrenzte Schriftfeld, das Sie vorher dünn mit Bleistift umrandet haben. Das wirkt richtig edel – und einfach goldrichtig!

Aufgeblüht, Teil 1

Hier blüht es, und zwar auf der Wand: Malen Sie dazu einfach Längsstreifen auf Ihre Wand. In den helleren Streifen kommt dann die gute, altbekannte Schablonentechnik zum Einsatz. Erstellen Sie dazu mithilfe der Vorlage auf Seite 141 eine Schablone und stupfen Sie die Blütenblätter mit einem Schablonierpinsel aus. Zum Schluss tupfen Sie noch die Blütenmitte auf – schon sieht der Raum richtig frühlingsfrisch aus!

Es müssen nicht immer Vorhänge sein

Hier kommen alte Schranktüren – ja, Sie haben richtig gelesen! – zu neuen Ehren. Montieren Sie zunächst die alten Beschläge ab und entfernen Sie die Holz- oder Glasfüllung. Eventuelle Löcher füllen Sie mit Holzkitt auf und glätten die Oberflächen. Dann streichen Sie den verbleibenden Rahmen in der gewünschten Farbe. Der Stoff wird dann einfach auf die Rückseite getackert und die Tackerklammern verdecken Sie mit kleinen, lackierten Holzleisten. Zum Schluss befestigen Sie die alten Schranktüren mit sogenannten Renovierungsbändern an der Wand, die sich im Gegensatz zu Scharnieren aushängen lassen. Das eine Teil schrauben Sie an den Rahmen, das Gegenstück an die Wand.

Orientalisch angehaucht

Ihnen haben die Klappläden von Seite 124/125 gefallen? Dann sind vielleicht auch die hier nach Ihrem Geschmack. Das Bauprinzip ist ähnlich, gearbeitet werden sie aus 18 mm starkem Leimholz, die Vorlage für den Ausschnitt gibt's auf Seite 143. Wichtig ist, dass Sie die Läden oben und unten jeweils 5 mm kleiner als Ihren Fensterausschnitt konzipieren und zwischen den Läden einen kleinen Spielraum einplanen, damit sich diese gut öffnen und schließen lassen.

Aufgeblüht, Teil 2

Ein kleiner, aber wirkungsvoller Akzent: Auf diesen Vorhängen blühen Stoffblüten, die Sie einfach mit Sicherheitsnadeln befestigen oder mit wenigen Nadelstichen festnähen. Eine tolle, schnell gemachte Idee, die Ihre Vorhänge sofort in Frühlingslaune versetzt!

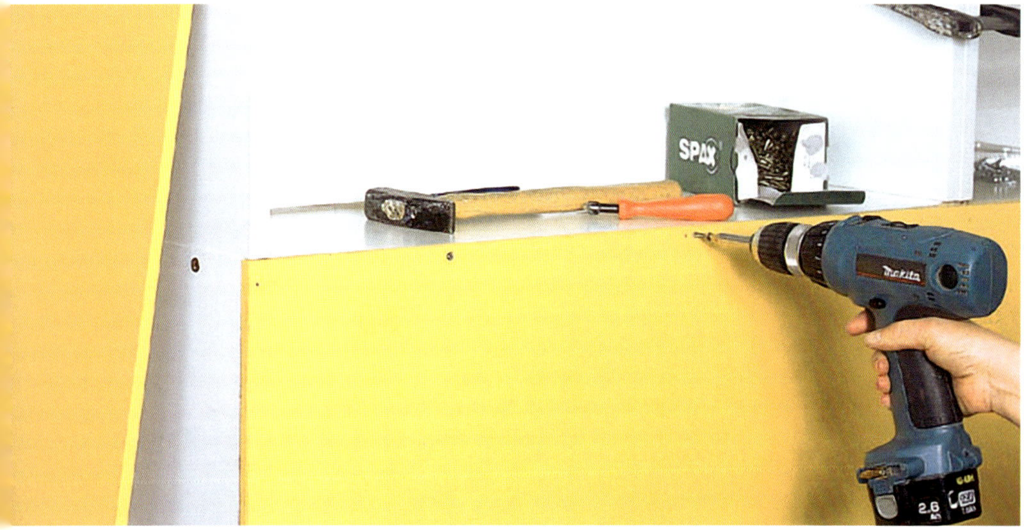
SPAX
makita

Service

Mehrere – oder am besten sogar (fast) alle Modelle – aus diesem Buch gefallen Ihnen und Sie wollen sich sofort ans Nacharbeiten machen? Oder die vorgestellten Vorschläge haben Sie zu ganz eigenen Ideen inspiriert, die Sie jetzt in die Tat umsetzen wollen? Dann nichts wie ran an Säge, Pinsel, Nähmaschine & Co. Im folgenden Serviceteil finden Sie zahlreiche nützliche Informationen rings um Werkzeuge, Materialien und Techniken, die Ihnen Ihre Arbeit erleichtern. Außerdem sind hier auch Vorlagen zu finden, sollten diese für ein Modell benötigt werden. Viel Vergnügen mit den Lösungen für Ihre kleineren und größeren Wohnprobleme und gutes Gelingen!

Das kleine ABC des Selbermachens

A

Acrylfarbe

Bei Acrylfarben handelt es sich um Farben, die in der Regel wasserverdünnbar sind. Es gibt sie sowohl für künstlerische wie auch eher für größere Kreativprojekte geeignet zu kaufen. Stellenweise werden sie auch Bastelfarben genannt

Acryllack

Auch dieser ist meist wasserverdünnbar, sein Vorteil gegenüber Nitrolacken besteht darin, dass beim Arbeiten keine gesundheitsschädlichen Dämpfe entstehen. Sollten Sie Möbel fürs Kinderzimmer streichen, so achten Sie bitte unbedingt darauf, speichelechte Lacke zu verwenden!

Akku(bohr)schrauber

Bei einem Akku(bohr)schrauber bzw. Akkubohrer handelt es sich um eine Art Handbohrmaschine, welche aber mit einem Akku, nicht mit einem Stromkabel betrieben wird. Meist lassen sich nur Bohrer mit einem geringeren Durchmesser einsetzen als bei Bohrmaschinen, außerdem fehlt ihnen die notwendige Kraft für Bohrungen durch Wände. Für viele Holzarbeiten ist der Akku(bohr)schrauber aber hervorragend geeignet.

B

Bohrmaschine

Mithilfe der Bohrmaschine bohren Sie Löcher in Werkstücke oder Wände. Bei Ständerbohrmaschinen lässt sich das Werkstück dabei auf den Tisch auflegen, Handbohrmaschinen halten Sie, wie der Name schon sagt, in der Hand. Je nach eingesetztem Bohrer (zum Beispiel Holz- oder Metallbohrer) lassen sich damit die Materialien unterschiedlich gut durchbohren, wobei Holzbohrer zum Beispiel eine Zentrierspitze haben, aber wirklich nur für Holz zu verwenden sind, Metallbohrer sind dafür robuster und bohren ebenfalls Holz. Für Betonwände benötigen Sie einen sogenannten Bohrhammer, keine gewöhnliche Bohrmaschine.

C

Cutter

Bei einem Cutter handelt es sich um ein kleines, scharfes Messer, welches in diesem Buch vor allen Dingen bei der Schablonenherstellung zum Einsatz kommt. Achten Sie darauf, immer auf einer Schneideunterlage zu arbeiten, damit die Tischplatte nicht beschädigt wird!

D

Dekupiersäge

Dekupiersägen kommen vor allem bei eher basteligen Arbeiten zum Einsatz, weil sich damit nur dünnere Holzplatten schneiden lassen. Von der Funktionsweise her erinnern sie an eine Pendelhub-Stichsäge, durch den Arm ist aber die Werkstücksgröße automatisch begrenzt. Die Sägeblätter sind bei der Dekupiersäge meist feiner.

Dübel

Es gibt sowohl die stabförmigen Dübel, die der Verbindung von Holzteilen miteinander dienen und häufig aus Holz oder Kunststoff sind, wie auch die Dübel, mit deren Hilfe Sachen an die Wand geschraubt werden. Je nach Wandart ist dabei eine andere Dübelart erforderlich, deshalb sollten Sie sich hier am besten im Baumarkt beraten lassen.

G

Gehrung

Auf Gehrung ist die eleganteste Art und Weise, Ecken miteinander zu verbinden. Dafür werden beide Holzteile an den Seiten mithilfe einer Gehrungslade oder

Kreissäge mit einem 45°-Winkel versehen. Spitze an Spitze aneinanderlegen, Leim in die Gehrungsspitzen geben und zu einem rechten Winkel zusammenklappen – fertig! Bis zum Abbinden des Leims wird der Winkel zum Beispiel mithilfe von Schraubzwingen oder auch Klebeband fixiert. Führen Sie unbedingt eine Winkelkontrolle durch, nur ein exakt rechter Winkel sorgt für die gewünschte Stabilität.

Gehrungslade

Bei einer Gehrungslade handelt es sich um ein U-förmiges Gestell, in dessen Seitenwänden sich Schlitze befinden. Durch diese Schlitze wird die Feinsäge geführt, um 45°-Winkel in kleinere Werkstücke, wie zum Beispiel Rahmen oder Holzleisten, zu sägen.

H

Hammer

Je nach Kopf sind die verschiedenen Hammer für verschiedene Verwendungszwecke geeignet. Da enorme Kräfte auf den Hammer wirken, ist es aber auf alle Fälle sinnvoll, beim Kauf des jeweiligen Hammers auf eine gute Qualität zu achten!

Hartfaserplatte

Hartfaserplatten kommen vor allen Dingen als Dämmmaterial zum Einsatz, können aber auch für kreative Zwecke genutzt werden. Es handelt sich dabei um dünne Holzfaserplatten, bei denen Zellulosematerial zu einer festen Platte verdichtet wird. Es gibt sie mit unterschiedlichen Oberflächen zu kaufen.

Heißklebepistole

In die Heißklebepistolen werden Heißklebepatronen eingeführt und aufgeheizt. Heißkleber dient dazu, sehr stabile Klebeverbindungen herzustellen. Da der Klebstoff beim Austreten aber sehr heiß ist, müssen Sie hier beim Arbeiten wirklich Vorsicht walten lassen, um sich nicht zu verbrennen.

Holzkitt

Mit Holzkitt spachteln Sie Löcher oder Fugen bei Holzteilen zu, um diese mehr oder weniger unsichtbar zu machen. Nach dem Auftragen des Holzkitts, in der Regel mit einem Spachtel, und Trocknen empfiehlt es sich, diese Stelle noch einmal abzuschleifen, um einen wirklich ebenen Untergrund zu erhalten.

Holzleim

Bei Holzleim steht D2 für eine normale Verleimung, D3 für eine wasserfeste. Es empfiehlt sich, ein Markenprodukt zu verwenden, um die gewünschte Stabilität zu erreichen.

Holzleiste

Holzleiste ist ein sehr allgemeiner Begriff. Grundsätzlich handelt es sich um ein 12 mm bis 38 mm starkes und 25 mm bis 63 mm breites Holzteil. Je nach Verwendungszweck unterscheidet man zwischen Leistenrohlingen, Partkettleisten, Winkelleisten und vielen mehr.

Holzzuschnitt

Baumärkte bieten häufig den Service des Holzzuschnitts an, meist sogar kostenlos, sofern eine gewisse Holzmenge (zum Beispiel die komplette Platte) abgenommen wird. Bitte nehmen Sie diesen Service in Anspruch, Sie sparen dadurch viel Zeit und Mühe. Achten Sie aber darauf, dass Sie die Platten auch transportieren können müssen!

K

Kiefernholz

Kiefernholz ist eine für Heimwerken-Zwecke sehr beliebte Holzart, die Sie in der Regel problemlos in jedem Baumarkt kaufen können.

Klavierband

Bei dem sogenannten Klavierband handelt es sich um eine Art sehr langes Scharnier, das sich problemlos auf die gewünschte Länge ablängen lässt. Manchmal wird es auch als Stangenscharnier bezeichnet.

Kopierpapier

Bei Kopierpapier handelt es sich in der Regel um ein einseitig beschichtetes Papier, mit dessen Hilfe sich Vorlagen auf die Werkstoffe wie Holz oder Papier übertragen lassen. Dafür werden Sie mit der beschichteten Seite nach unten auf den Werkstoff gelegt und die Linien zum Beispiel mit einem harten Bleistift nachgezogen.

L

Lackrolle

Für Lackarbeiten, insbesondere bei größeren Flächen, eignen sich Schaumstoffrollen am besten, die es mit unterschiedlich großen Poren zu kaufen gibt. Es gilt: Je feiner die Poren, desto glatter und schöner wird der Lackauftrag.

Leimholz

Leimholz lässt sich auf den ersten Blick kaum von Vollholz unterscheiden. Hierfür werden Stäbe aus Massivholz miteinander zu Platten verleimt, was das Holz sehr ebenmäßig aussehen lässt. Leimholz gibt es in verschiedenen Holzarten, also zum Beispiel als Fichte- oder Kiefernleimholz, zu kaufen.

M

Malerkreppband

Mit Malerkreppband lassen sich Kanten, Türrahmen und Ähnliches problemlos abkleben. So entstehen bei allen Maler- und Lackierarbeiten saubere Kanten. Nach dem Farbauftrag wird das Malerkreppband einfach wieder abgezogen.

Malschwamm

Auch mit dem Schwamm lässt sich Farbe auftragen. Häufig entstehen durch den Einsatz des Schwamms luftig-duftige, wolkenartige Farbeffekte.

Markierspitzen

Diese werden stellenweise auch Dübelhilfen genannt. Sie werden verwendet, um das Anzeichnen der Gegenverbindung wegfallen zu lassen. Die Dübelhilfen werden dazu zum Beispiel in die Bohrung auf einer Seite eingesetzt. Dann wird das Gegenstück in Position gebracht und aufgesetzt. Die kleinen Spitzen der Markierspitzen drücken sich so auf dem aufgesetzten Werkstück ab.

MDF-Platte

MDF-Platten sind mitteldichte Holzfaserplatten. Sie sind sowohl im Baumarkt wie auch im Holzfachhandel erhältlich. Ihre Schnittkanten besitzen die gleiche Dichte wie die Oberfläche, dies macht MDF zu einem hervorragend geeignetem Werkstoff für Möbel mit stumpfen Verbindungen, die anschließend lackiert werden sollen. Allerdings sind MDF-Platten etwas teurer als Spanplatten, aber nicht wesentlich. Ihre Oberfläche sollte auf alle Fälle mit Lack geschützt werden, weil diese sonst aufquellen kann.

Multiplexplatte

Multiplexplatten besteht aus mindestens fünf dünnen Holzplatten, die in Kreuzschichten miteinander verleimt und zum Schluss ggf. mit einer Lack- oder anderen Schutzschicht überzogen werden. Bei weniger Schichten spricht man auch von Sperrholz. Die Platten weisen eine Kante mit abwechselnd hellen und dunklen Schichten auf. Durch das kreuzweise Verleimen werden unerwünschte Eigenschaften wie Verziehen oder Schwinden des Naturholzes reduziert, Multiplexplatten sind also besonders robust und formstabil.

N

Näh-Utensilien

Darunter werden hier im Buch die folgenden Materialien und Hilfsmittel verstanden: Nähmaschine, Bügeleisen, verschiedene Scheren, Nähnadeln, Stecknadeln, farblich passendes Nähgarn, Bleistift, Schneiderkreide oder spezielle Filzstifte für Stoffe, Maßband oder Lineal und ggf. Papier für den Schnitt.

Nagel

Vom kleinsten Ziernagel bis zum großen Zimmermannsnagel gibt es die unterschiedlichsten Nägel zu kaufen. Polsternägel besitzen zum Beispiel einen besonders schönen Kopf und verleihen so aufgepolsterten Möbeln einen besonderen Pfiff.

Nahtzugabe

Eine gleichmäßige Nahtzugabe hilft, dass die Stoffteile später schön zusammengenäht werden können. Dazu die Nahtzugaben mithilfe eines Zentimetermaßes und Schneiderkreide o. Ä. auf den Stoff aufzeichnen, auf dem Sie zuvor bereits das eigentlich benötigte Stoffstück übertragen haben. Bitte beachten Sie, dass die Nahtzugaben immer zusätzlich benötigt werden!

P

Pinsel

Je nach Verwendungszweck kommen unterschiedliche Pinsel zum Einsatz. Flachpinsel werden zum Beispiel gerne für Lackarbeiten eingesetzt, für gewölbte Objekte bieten sich eher Rundpinsel an. Unterschieden wird auch nach der Borstenart, also Naturborsten, synthetische Borsten oder Mischborsten.

R

Raster

Zum Übertragen von Vorlagen arbeitet man neben vergrößerten Kopien häufiger auch mit Rastern. Die kleinen Kästchen des Rasters stehen dafür für größere Kästchen in Originalgröße, zum Beispiel stellt ein kleines Kästchen ein 5 cm x 5 cm großes Feld dar. Auf einen großen Papierbogen das vergrößerte Raster (also 5 cm x 5 cm große Kästchen) aufzeichnen. Darin die Punkte markieren, an denen sich die Konturlinien der Zeichnung mit den Rasterlinien schneiden. Dann die Punkte miteinander verbinden.

S

Saum

Als Saum bezeichnet man die einfach oder doppelt umgeschlagene Gewebekante eines Stoffstücks, durch die verhindert wird, dass der Stoff an den Rändern ausfranst. Dieser wird entweder von Hand oder maschinell mit Saumstichen zusammengeheftet.

Schablonen

Schablonen benötigen Sie, um Muster und Ornamente auf Wände oder Möbelstücke zu übertragen, sofern Sie diese nicht frei Hand aufmalen wollen. Dazu können sowohl fertig gekaufte wie auch selbst gemachte Schablonen verwendet werden. Für die selbst gemachten Schablonen das Motiv auf festen Karton oder stabile Folie übertragen und mithilfe eines Cutters auf einer geeigneten Schneideunterlage ausschneiden. Die so entstandene Schablone fest aufdrücken bzw. evtl. sogar mit Malerkreppband auf der Wand fixieren. Dann die Motive mithilfe eines Schablonierpinsels, auch Stupfpinsel genannt, oder eines Schwammstückchens ausstupfen.

Scharnier

Scharniere gibt es in den verschiedensten Ausführungen, vom einfachen Aufschraubscharnier über Topfscharniere bis hin zu Glastürscharnieren. Allen gemeinsam ist, dass sie ein Gelenk haben. Lassen Sie sich im Zweifelsfall im Baumarkt beraten, was für Sie das richtige ist.

Schleifpapier

Schleifpapier gibt es in verschiedenen Körnungen. Diese wird meist in P angegeben. Es gilt: Je höher die Zahl, desto feiner ist bzw. umso mehr Körner hat das Schleifpapier, sprich: umso glatter wird die bearbeitete Fläche. Für die Oberflächenbehandlung bietet sich P 120 oder P 180 an, für den Zwischenschliff P 220. Das Schleifpapier legen Sie zum Arbeiten am besten um einen sogenannten Schleifklotz.

Schrauben

Beim Arbeiten mit Holz werden in der Regel sogenannte Spaxschrauben verwendet, die es in den unterschiedlichsten Größen und mit verschiedenen Kopfformen zu kaufen gibt. Der gängigste Schraubeinsatz ist dabei der Kreuzschlitz.

Schraubzwingen

Bei der Verwendung von Schraubzwingen sollten Sie am besten Zulagen, zum Beispiel Holzreste, verwenden, da diese mit enormer Kraft auf die Fläche wirken und sonst Abdrücke hinterlassen könnten. Die Größe richtet sich nach dem zu bearbeitenden Werkstück. Besonders lange Schraubzwingen werden auch als „Knechte" bezeichnet.

Senkbohraufsatz

Mithilfe des Senkkopfbohrers (der auch Ausreiber oder Kegelsenker genannt wird) bohrt man kegelförmige Vertiefungen in das Holz. So können die Schrauben besser in dem Werkstück versenkt werden.

Spachtel

Je nach Verwendungszweck gibt es ganz verschiedene Spachtel, wie zum Beispiel Dekorspachtel, mit denen Muster erzielt werden können, oder Japanspachtel, die vor allen Dingen zum Glätten eingesetzt werden.

Spanplatte

Spanplatten sind sehr preisgünstig, universell einsetzbar und lassen sich gut sägen und bohren. Allerdings sind die Schnittkanten, vor allem beim Schrauben, nicht sehr stabil und nie ganz glatt. Die Spanplattenherstellung ist eine Art Resteverwertung, denn die Platten werden aus Holzfasern und Bindemitteln unter hohen Temperaturen durch Pressen hergestellt. Auch für Feuchträume können Spanplatten verwendet werden, sofern sie mit entsprechenden Zusätzen versehen wurden.

Stichsäge

Die Stärke der Stichsäge liegt darin, dass man aus dünnen Platten/Brettern oder auch Balken geformte Teile aussägen kann, ebenso bei vorheriger Bohrung auch Teile aus dem Inneren. Dafür bohren Sie ein Loch in die auszusägende Innenfläche, stecken das Sägeblatt durch und sägen von da aus zu der markierten Linie. Gerade Schnitte gelingen nur mithilfe eines Führungsanschlags.

Stoffseiten

Bei Stoffen ist häufig von der „rechten" und „linken" Stoffseite die Rede. Mit „rechts" ist dabei die Stoffvorderseite mit Muster, mit „links" die Stoffrückseite gemeint. Soll ein Stoff also zum Beispiel rechts auf rechts gelegt werden, so ist damit gemeint, dass Sie den Stoff so zusammenklappen müssen, dass die rechte Stoffseite auf der rechten Stoffseite liegt.

Stumpfe Eckverbindung

Eine stumpfe Eckverbindung bedeutet, dass die beiden Teile (im Gegensatz zur Eckverbindung auf Gehrung) ohne Winkel aufeinander treffen. Die Teile können hierbei entweder miteinander verschraubt oder verleimt werden. Wenn man sie nur leimt, empfiehlt es sich, diese bis zum Abbinden des Leims mit Schraubzwingen zu sichern, damit die Verbindung hinterher auch wirklich gut hält.

T

Tacker

Mithilfe des Tackers werden Tackerklammern fixiert. Man unterscheidet zwischen Handtackern und Elektrotackern. Meist lassen sich die Klammern aber nur problemlos in Holz anbringen.

Tapetenkleister

Der Tapetenkleister muss auf alle Fälle auf die verwendete Tapete abgestimmt werden. Schwere Tapeten wie Raufaser- oder Prägetapeten verlangen zum Beispiel nach einem anderen Kleister als Vliestapeten, die direkt ins Kleisterbett an der Wand gelegt werden.

Tapezierwerkzeug

Um Tapeten an der Wand anzubringen, brauchen Sie folgendes: Tapeziertisch, Zollstock, Wasserwaage, Bleistift, Beschneidelineal, Tapezierschere bzw. Cuttermesser, Kleisterbürste, auf die Tapete abgestimmten Kleister, Eimer und Rührstab, Tapezierbürste bzw. -spachtel, Moosgummirolle und Nahtroller und einen Andrückspachtel. Für die Modelle hier im Buch kann es aber durchaus sein, dass Sie dafür nicht alles kaufen müssen und zum Beispiel den Nahtroller oder andere Werkzeuge weglassen können.

V

Vorbohren

Sollen zwei Holzteile miteinander verbunden werden, so empfiehlt es sich, das Teil, durch das die Schraube komplett geht, vorzubohren, und zwar mit einem etwas größeren Bohrer (bei einer 4 mm-Schraube zum Beispiel mit einem Bohrer mit ø 4,5 mm). So bekommt die Schraube bereits beim Ansetzen eine Führung. Falls Sie Holz verwenden, das gerne splittert, sollte auch das Gegenstück vorgebohrt werden, allerdings mit einem etwas dünneren Bohrer (zum Beispiel mit ø 3,5 mm), damit die Schraube noch „zieht“.

W

Winkel

Man unterscheidet zwei unterschiedliche Arten von Winkeln, zum einen das Werkzeug, mit dem beim Arbeiten eine Winkelkontrolle durchgeführt wird. Zum anderen gibt es Winkel in verschiedenen Arten und Größen, mit denen Werkstücke miteinander beziehungsweise an der Wand fixiert werden können.

Z

Zwischenschliff

Das Zwischenschleifen bietet sich bei Oberflächenbehandlungen wie Lackieren oder auch Einlassen mit Lasuren an. Hintergrund ist, dass sich nach der ersten Oberflächenbehandlung die Fasern wieder aufstellen und somit eine raue Fläche bilden. Diese muss wieder gebrochen werden, damit nach dem erneuten Lackauftrag eine wirklich schön glatte Oberfläche entsteht.

Vorlagen

Hinweis

Bei den Vorlagen hier ist kein Vergrößerungsfaktor mit angegeben, weil Sie diese auf die Größe kopieren müssen, die zu Ihren Gegebenheiten zu Hause passt.

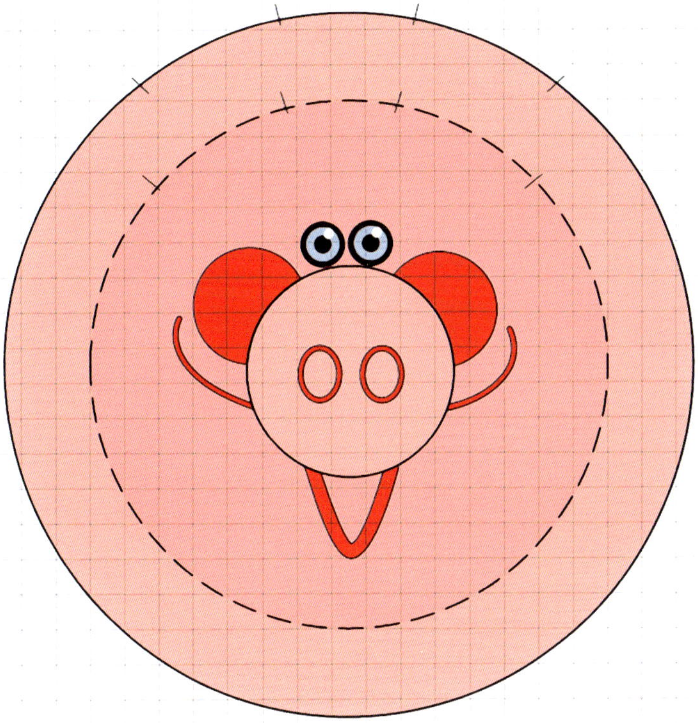

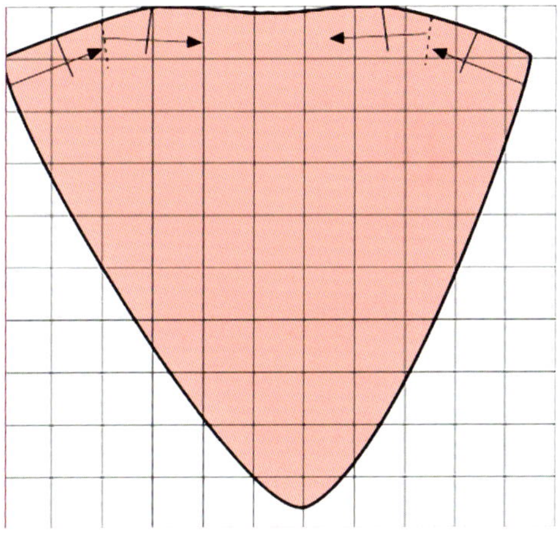

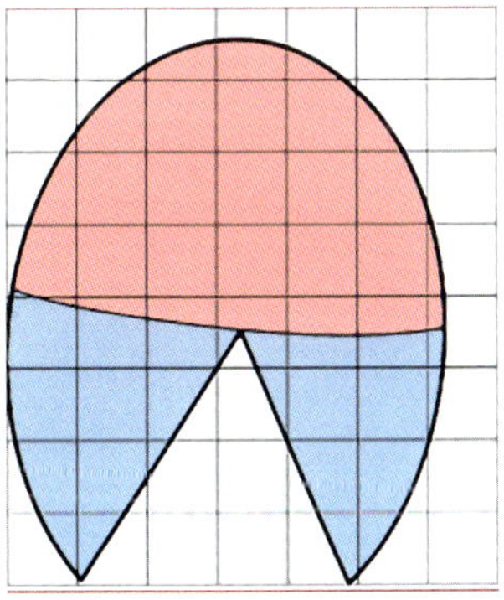

Tierisch gut

Seite 67

Aufgeblüht

Seite 132

Vom Regal zum Schrank

Seite 82

Riesen-Tafelbild

Seite 118

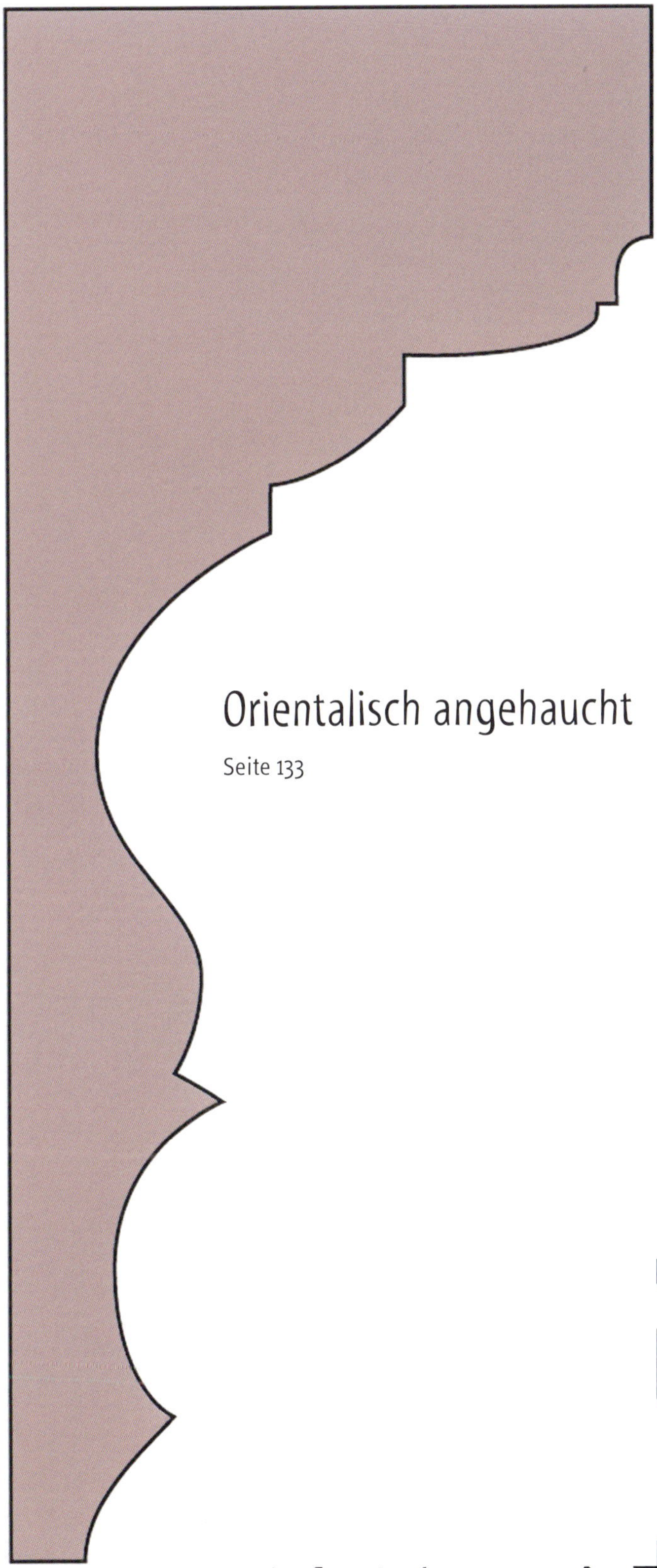

Orientalisch angehaucht

Seite 133

Aufgetischt

Seite 73

Impressum

FOTOS UND PRODUKTION:

Seite 4 MIG Foto: Uzwei Fotodesign U. Bick/ Produktion: C. Mareth

Seite 6/7 MIG Foto: Uzwei Fotodesign U. Bick/Produktion: C. Mareth

Seite 10/11 MIG Foto: Uzwei Fotodesign U. Bick/Produktion: C. Mareth

Seite 12/13 MIG Foto: Uzwei Fotodesign U. Bick/Produktion: C. Mareth

Seite 14/15 MIG Foto: Uzwei Fotodesign U. Bick/Produktion: C. Mareth

Seite 16/17 MIG Foto: Uzwei Fotodesign U. Bick/Produktion: P. Hansmann

Seite 18/19 MIG Foto: Uzwei Fotodesign U. Bick/Produktion: C. Mareth

Seite 20 MIG Foto: Uzwei Fotodesign U. Bick/Produktion: C. Mareth

Seite 21 MIG Foto: Uzwei Fotodesign U. Bick/Produktion: P. Hansmann

Seite 22/23 MIG Foto: Uzwei Fotodesign U. Bick/Produktion: P. Hansmann

Seite 22 MIG Foto:
Zeichnung: Andrea Baumann

Seite 24/25 MIG Foto: Uzwei Fotodesign U. Bick/Produktion: C. Mareth

Seite 25 Zeichnung: Andrea Baumann

Seite 26/27 MIG Foto: Uzwei Fotodesign U. Bick/Produktion: P. Hansmann

Seite 28/29 MIG Foto: Uzwei Fotodesign U. Bick/Produktion: P. Hansmann

Zeichnung: Andrea Baumann

Seite 30/31 MIG Foto: Uzwei Fotodesign U. Bick/Produktion: C. Mareth

Seite 32/33 MIG Foto: Uzwei Fotodesign U. Bick/Produktion: C. Mareth

Seite34/35 MIG Foto: Uzwei Fotodesign U. Bick/Produktion: P. Hansmann

Zeichnung Andrea Baumann

Seite36/37 MIG Foto: Uzwei Fotodesign U. Bick/Produktion: C. Mareth

Seite 38 (Regale) MIG Foto: Uzwei Fotodesign U. Bick/Produktion: C. Mareth

Seite 38 (Vorhang, Schreibtisch) MIG Foto: Uzwei Fotodesign U. Bick/Produktion: P. Hansmann

Seite 39 (Nischen, Schrank) MIG Studio Rosche/Produktion: G. Bowinkelmann

Seite 39 (Garderobe) MIG Foto: Uzwei Fotodesign U. Bick/Produktion: C. Mareth

Seite 42/43 MIG Foto: Uzwei Fotodesign U. Bick/Produktion: C. Mareth

Zeichnung: Andrea Baumann

Seite 44/45 MIG Foto: Uzwei Fotodesign U. Bick/Produktion: C. Mareth

Seite 46/47 MIG Foto: Uzwei Fotodesign U. Bick/Produktion: C. Mareth

Seite 48/49 MIG Foto: Uzwei Fotodesign U. Bick/Produktion: P. Hansmann

Seite 50/51 MIG Foto: Uzwei Fotodesign U. Bick/Produktion: C. Mareth

Seite 52/53 MIG Foto: Uzwei Fotodesign U. Bick/Produktion: C. Mareth

Seite 54/55 MIG Foto: Uzwei Fotodesign U. Bick/Produktion: C. Mareth

Seite 56/57 MIG Foto: Uzwei Fotodesign U. Bick/Produktion: P. Hansmann

Seite 58/59 MIG Foto: Uzwei Fotodesign U. Bick/Produktion: C. Mareth

Seite 60/61 MIG Foto: Uzwei Fotodesign U. Bick/Produktion: P. Hansmann

Seite 62/63 MIG Foto: Uzwei Fotodesign U. Bick/Produktion: P. Hansmann

Seite 64/65 MIG Foto: Uzwei Fotodesign U. Bick/Produktion: C. Mareth

Seite 66 MIG Foto: Uzwei Fotodesign U. Bick/ Produktion: C. Mareth

Seite 67 MIG Foto: Uzwei Fotodesign U. Bick/ Produktion: P. Hansmann

Zeichnung: Andrea Baumann

Seite 68/69 MIG Foto: Uzwei Fotodesign U. Bick/Produktion: P. Hansmann

Seite 70/71 MIG Foto: Uzwei Fotodesign U. Bick/Produktion: C. Mareth

Seite 72/73 MIG Foto: Uzwei Fotodesign U. Bick/Produktion: C. Mareth

Seite 74/75 MIG Foto: Uzwei Fotodesign U. Bick/Produktion: C. Mareth

Seite 76/77 MIG Foto: Uzwei Fotodesign U. Bick/Produktion: C. Mareth

Seite 78/79 MIG Foto: Uzwei Fotodesign U. Bick/Produktion: C.Mareth

Seite 80/81 MIG Foto: Uzwei Fotodesign U. Bick/Produktion: C. Mareth

Seite 82/83 MIG Foto: Uzwei Fotodesign U. Bick/Produktion: C : Mareth

Seite 84/85 MIG Foto: Uzwei Fotodesign U. Bick/Produktion: C. Mareth

Seite 86/87 MIG Foto: Uzwei Fotodesign U. Bick/Produktion: G.Bowinkelmann

Styling: P. Hansmann

Seite 88/89 MIG Foto: Uzwei Fotodesign U. Bick/Produktion: P. Hansmann

Seite 90/91 MIG Foto: Uzwei Fotodesign U. Bick/Produktion: P. Hansmann/S. Grün

Seite 92 MIG Foto: Uzwei Fotodesign U. Bick/ Produktion: P. Hansmann/S. Grün

Seite 93 MIG Foto: Uzwei Fotodesign U. Bick/ Produktion: C. Mareth

Seite 94/95 MIG Foto: Uzwei Fotodesign U. Bick/Produktion: C. Mareth

Seite 96/97 MIG Foto: Uzwei Fotodesign U. Bick/Produktion: P. Hansmann

Seite 98/99 MIG Foto: Uzwei Fotodesign U. Bick/Produktion: C. Mareth

Seite 100 CD-Regal MIG Foto: Uzwei Fotodesign U. Bick/Produktion: P. Hansmann

Seite 100 Pendelleuchte MIG Foto: Uzwei Fotodesign U. Bick/Produktion: C. Mareth

Seite 101 MIG Foto: Uzwei Fotodesign U. Bick/Produktion: C. Mareth

Seite102/103 MIG Foto: Uzwei Fotodesign U. Bick/Produktion: C. Mareth

Seite 104 MIG Foto: Uzwei Fotodesign U. Bick/Produktion: C. Mareth

Seite 105 Kommode MIG Foto: Uzwei Fotodesign U. Bick/Produktion: P. Hansmann

Seite 105 Klapptisch MIG Foto: Uzwei Fotodesign U. Bick/Produktion: C. Mareth

Seite 108/109 MIG Foto: Uzwei Fotodesign U. Bick/Produktion: C. Mareth

Seite 110/111 MIG Foto: Uzwei Fotodesign U. Bick/Produktion: C. Mareth

Seite 112/113 MIG Foto: Uzwei Fotodesign U. Bick/Produktion: P. Hansmann

Seite 114/115 MIG Foto: Uzwei Fotodesign U. Bick/Produktion: G Bowinkelmann

Styling: P. Hansann

Seite 116/117 MIG Foto: Uzwei Fotodesign U. Bick/Produktion: G. Bowinkelmann

Styling: P. Hansmann

Seite Seite 118/119 MIG Foto: Uzwei Fotodesign U. Bick/Produktion: P. Hansmann

Seite 120 MIG Foto: Uzwei Fotodesign U. Bick/Produktion: P. Hansmann

Seite 121 MIG Foto: Uzwei Fotodesign U. Bick/Produktion: C. Mareth

Seite 122/123 MIG Foto: Uzwei Fotodesign U. Bick/Produktion: C. Mareth

Seite 124/125 MIG Foto: Uzwei Fotodesign U. Bick/Produktion: C. Mareth

Seite 126/127 MIG Foto: Uzwei Fotodesign U. Bick/Produktion: C. Mareth

Seite 128 (Wandfläche) MIG Foto: Uzwei Fotodesign U. Bick/Produktion: P. Hansmann

Seite 128/129 (Rahmen, Schreibtisch, Fenster) MIG Foto: Uzwei Fotodesign U. Bick/ Produktion: C. Mareth

Seite 130 (Kleine Galerie) MIG Studio Rosche/ Produktion:P.Hansmann

Seite 131(Platzsparend, Goldstücke, Wand-Bordüre) MIG Foto: Uzwei Fotodesign U. Bick/Produktion: C. Mareth

Seite 132 (Fenster) MIG Foto: Uzwei Fotodesign U. Bick/Produktion: C. Mareth

Seite 132 (Blüten, Wand) MIG Foto: Uzwei Fotodesign U. Bick/Produktion: P. Hansmann

Seite 133 (Vorhang) Foto: Uzwei Fotodesign U. Glasemann

Seite 133 (Orientalisch) MIG Foto: Uzwei Fotodesign U. Bick/Produktion: C. Mareth

Seite 134 (Hammer mit Dübel, Schrank, Rückwand, Stempel) MIG Foto: Uzwei Fotodesign U. Bick/Produktion: P. Hansmann

Seite 135 (Schrank mit Papier-Tischläufer bekleben, Holzteile verschrauben mit Akkuschrauber) MIG Foto: Uzwei Fotodesign U. Bick/Produktion: C. Mareth

Seite 140/141 Zeichnungen Andrea Baumann

Seite 142 oben/143 Zeichnungen Andrea Baumann

Seite 142 Zeichnungen unten Gerhard Wörner

Fotos der Materialfreisteller
Seite 9/41/81/107/134/135 lichtpunkt, Michael Ruder, Stuttgart

KONZEPTION UND REDAKTION: Kim Marie Krämer, 70771 Leinfelden-Echterdingen

PRODUKTMANAGEMENT: Melanie Schölzke

LAYOUT: Marta Abramczyk

GESTALTUNG: Sophia Höpfner

DRUCK UND BINDUNG: Himmer AG, Augsburg

2. Auflage 2011

ISBN 978-3-7724-6818-6
Best.-Nr. 6818

Hier spricht der Kapitan ...